# 시간을 품은 침묵

경험 없는 말에 대해,
말 많은 세상 속에서 침묵을 배우다

## 시간을 품은 침묵

김남주 지음

좋은땅

# 말하지 않음의 용기

경험 없는 말에 대해,
말 많은 세상 속에서 침묵을 배우다

## 목차

| | | |
|---|---|---|
| 1장 | 말, 가장 쉽게 쏟아내는 폭력 | 8 |
| 2장 | 교만이 되는 말의 정체 | 11 |
| 3장 | 경험 없는 판단이 가져오는 상처 | 14 |
| 4장 | 아는 척이 아닌 아는 마음 | 17 |
| 5장 | 왜 침묵은 두려운가? | 20 |
| 6장 | 고통을 겪은 사람만이 아는 것 | 23 |
| 7장 | 나는 그 길을 걷지 않았다 | 26 |
| 8장 | 위로가 되지 않는 말, 차라리 침묵 | 29 |
| 9장 | 미안함이 만든 고요한 공간 | 32 |
| 10장 | 말보다 먼저 손을 내밀어야 할 때 | 35 |
| 11장 | 과거의 나, 교만했던 입 | 38 |
| 12장 | 경험이 없는 자의 무지한 조언들 | 41 |
| 13장 | 나는 누군가의 상처였다 | 44 |
| 14장 | 반성에서 피어난 온기 | 47 |
| 15장 | 다시 말하기까지, 긴 시간의 침묵 | 50 |

| 16장 | 슬픔을 지나니 들리는 말들 | 53 |
| 17장 | 상처받은 이의 귀는 다르다 | 56 |
| 18장 | 말은 공감이 아니라, 동행이다 | 59 |
| 19장 | 나를 낮추는 말, 높이는 말 | 62 |
| 20장 | 말은 사유의 열매다 | 65 |
| 21장 | 경험 없는 말은 지적이 아니라 비판이다 | 68 |
| 22장 | 듣는다는 것은 사랑하는 것이다 | 71 |
| 23장 | 말로 포장된 무례 | 74 |
| 24장 | 입을 닫아야 들리는 마음 | 77 |
| 25장 | 결국, 말은 사람을 닮는다 | 80 |

1장

## 말, 가장 쉽게 쏟아내는 폭력

어느 날 나는 깨달았다.
내가 가장 가볍게 사용하던 것은 '말'이었고,
내가 가장 깊게 후회했던 것도 역시 '말'이었다는 것을.
사람은 입이 있다. 그리고 마음보다 먼저 움직이는 것은 입이다.
속이 미처 따라가지 못한 말들이, 때로는 칼날이 되어 누군가의 마음을 벤다.
그 벤 마음은 피를 흘려도, 눈물 한 방울 흘리지 않고 돌아선다.
말은 보이지 않기에, 그 폭력이 얼마나 날카로웠는지 말하는 사람은 모른다.
나는 타인의 상처를 잘 몰랐다.
내가 겪지 않은 고통에 대해, 너무 쉽게 "힘내세요.", "괜찮을 거예요."라는 말을 내뱉곤 했다.
마치 '괜찮다'는 내 말 한마디가 그 사람의 인생을 단숨에 정리해 줄 수 있을 것처럼.

그러나 나는 그 길을 걷지 않았다.

나는 그 아픔의 밤을 통과해 보지 않았고,

나는 그 절망 속에서 울부짖는 심장을 품어 본 적도 없었다.

그런데도 나는 말했다.

그 말들이 '위로'였을 것이라 착각했고,

그 말들이 '조언'이라 믿었으며,

그 말들이 나의 '배려'라 여겼다.

하지만 이제는 안다.

경험하지 않은 고통에 대해 말하는 것은 조언이 아니라 판단이고,

위로가 아니라 무례이며,

사랑이 아니라 교만이라는 것을.

말은 가장 쉽다.

글자도 필요 없고, 자격도 필요 없고,

책임을 묻는 이도 드물다.

그래서 사람들은 말한다.

모르는 것을 아는 척,

겪지 않은 것을 겪은 척,

느끼지 못한 것을 느낀 척하며.

그런 척, 척, 척들이 모여

누군가를 향해 쏟아진다.

그 무수한 척들 속에서

진실은 말문을 닫고, 고통은 고요히 눈을 감는다.

나는 이제 말을 내뱉기 전, 가슴속으로 묻는다.
"너는 그것을 겪어 보았느냐?"
"그 고통 앞에서 네 말이 도를 지나치지 않았느냐?"
"그 입은 사랑의 무게를 견디고 있는가?"
말이란, 가장 쉽게 쏟아낼 수 있는 폭력이기에
가장 조심해야 할 사랑의 도구이다.
이제 나는, 말보다 먼저
그 사람의 삶을, 걸음으로 듣는다.
그것이 내가 할 수 있는 최소한의 겸손이고,
세상이 아직 품어야 할 가장 깊은 배려이다.

### 묵상 구절
"입은 마음의 그림자다.
마음이 얕으면 그림자는 길고, 마음이 깊으면 그림자는 짧다."

## 2장

## 교만이 되는 말의 정체

말에는 두 종류가 있다.
자신을 낮추는 말과, 남을 높이는 말.
그리고 그 사이 어딘가에
자신도 모르게 우쭐해진 말이 있다.
그 말은 처음부터 교만으로 태어나지는 않는다.
그 말은 때때로 '조언'이라는 이름을 쓰고,
'충고'라는 옷을 입는다.
그러나 그 속살을 들여다보면
자신의 경험을 절대화하고,
자신의 생각을 진리처럼 포장하는
위태로운 자의식이 숨겨져 있다.
내가 과거에 얼마나 많은 말을 그리 뱉었는가.
누군가의 실패에 대해,
누군가의 불행에 대해,

누군가의 눈물에 대해

"나는 이렇게 했어야지.", "그렇게 하니까 그런 결과가 온 거야."
그 말들이야말로 가장 단순한 교만이었다.
말이 교만이 되는 순간은,
자신의 경험을 잣대로 삼는 순간이다.
삶은 누구에게나 다르고,
고통은 누구에게나 낯선 얼굴을 하고 온다.
그럼에도 우리는 자신이 살아온 작은 조각을
마치 전체 진실인 양 말한다.
왜 그랬을까.
사랑하고 싶어서였을까, 아니면
자신의 옳음을 증명하고 싶어서였을까.
나는 이제 안다.
경험을 바탕으로 한 말이 반드시 진실이 되는 것은 아니며,
경험 없는 말이 반드시 틀린 것도 아니라는 것.
그러나 경험 없는 말이 '경험 있는 척'하는 순간,
그 말은 타인을 무시하고, 스스로를 높이며,
진실을 밀쳐낸다.
그것이 교만이다.
그것이 말의 정체다.
우리는 어쩌면, 남의 아픔을 설명하려 들기보다
그저 조용히 함께 있어 줄 용기를

배워야 할지도 모른다.
말의 정체를 알고 나면,
말이 쉬워지지 않는다.
도리어, 말이 더디게 입안에서 맴돈다.
그 조심스러움이 바로
사랑의 시작일 것이다.

**묵상 구절**
"경험 없는 말이 교만이 되는 순간,
말은 더 이상 다리를 놓지 않고 벽을 만든다."

3장

## 경험 없는 판단이 가져오는 상처

사람은 누구나 자기만의 이야기를 산다.
그 이야기는 낮게 속삭일 때가 많다.
눈에 띄지 않게, 겉으로 드러나지 않게,
가끔은 아무 일 없는 듯 미소를 띠고도
속에서는 조용히 피를 흘린다.
그런데 타인은 그것을 모른다.
아니, 알려고 하지 않는다.
그리고 너무 쉽게 판단한다.
"왜 그렇게밖에 못 살았을까?"
"조금만 더 참았으면 좋았을 텐데."
"그건 본인이 만든 결과지."
이런 말들은 마치 '진실'을 말하는 듯하지만,
그 말들은 '몰랐기 때문에' 생겨난 무지이고,
'겪어 보지 않았기 때문에' 생긴 무책임이다.

경험 없는 판단은

사람의 삶에 상처를 남긴다.

눈에 보이지 않기에, 더 깊게 박히고,

사과조차 받지 못한 채 잊힌다.

상처받은 이가 울부짖을 힘조차 없을 때,

그 말들은 배신처럼 들린다.

나는 그런 판단을 했었다.

나와 다른 환경에서 자란 이에게,

나보다 약한 처지에 있는 사람에게,

내 방식대로 살지 않는 사람에게.

그들의 삶을 모르면서,

그들의 상처를 겪지 않으면서,

내 말은 '진심'이라 했고,

그 말은 '폭력'이 되었다.

내가 몰랐던 것은,

사람의 마음은 논리로 치유되지 않는다는 것이다.

사람의 길은 정답이 아니라 존재로 살아내는 것이고,

고통은 설명이 아니라 동행으로 이겨내는 것이라는 사실이었다.

그래서 나는 이제

모른다는 것을 아는 사람이고 싶다.

겪어 보지 않았기에 말을 아끼는 사람,

말보다 먼저 귀를 여는 사람,

입보다 먼저 마음을 다 여는 사람이고 싶다.
판단은 때때로 빠르고 정확할 수 있지만,
그 정확함이 사람을 치유하지는 못한다.
우리는 정확한 이성보다
따뜻한 무지가 필요할 때가 있다.

**묵상 구절**
"겪어 보지 않았다는 이유로
그 삶을 판단하지 마라.
삶은 정답이 아니라 사연이다."

## 4장

# 아는 척이 아닌 아는 마음

"나도 알아."
이 말은 위로일까, 무례일까?
많은 사람들은 위로가 되길 바라는 마음으로 이 말을 꺼낸다.
하지만 그것은 때때로, 마음의 문을 닫게 하는 첫 문장이 된다.
사람은 누구도 똑같은 아픔을 겪지 않는다.
같은 상실이어도, 같은 실패이어도,
그 고통이 스며든 방식은
사람마다 다르고, 시간마다 다르다.
그럼에도 불구하고 우리는
'안다'고 말하고 싶어진다.
아는 척이라도 하면,
그 사람에게 조금 더 가까이 갈 수 있을 거라 믿기 때문이다.
그러나
아는 척은 벽을 만들고,

아는 마음은 다리를 놓는다.
아는 척은, 상대를 재단하고
자신을 위에 두는 말투다.
그것은 누군가의 눈물 위에
자신의 경험을 덧칠하는 행위이며,
상대의 슬픔을 내 이야기로 잠식하는 또 하나의 침범이다.
반면에
아는 '마음'은 말이 적다.
"그랬구나."
"말하지 않아도 느껴져."
"많이 아팠겠다…."
이 짧고 조심스러운 문장들에는
말보다 더 깊은 공감이 담겨 있다.
나는 이제야 알았다.
아는 척은 지식에서 오지만,
아는 마음은 사랑에서 온다는 것을.
상대가 겪은 고통을
내가 '이해할 수 있다'고 말하지 않아도 된다.
단지 그 고통 앞에서
'내가 그 자리에 있겠다'고 말하는 것,
그것이 진정한 이해다.
아는 척을 멈출 때,

우리는 누군가의 마음 가장 깊은 곳으로
조용히 걸어 들어갈 수 있다.

**묵상 구절**
"말하지 않아도 알겠다는 그 마음은
이해보다 깊고, 말보다 따뜻하다."

5장

## 왜 침묵은 두려운가?

침묵은 때때로 우리를 불안하게 만든다.
무언가를 말하지 않으면
상대가 오해할까 두렵고,
내가 아무것도 하지 않는 사람처럼
보일까 봐 불안하다.
그래서 우리는
침묵이 필요한 순간에도 말을 찾는다.
위로의 말을, 충고의 말을,
혹은 그 어떤 말이라도 꺼내려 애쓴다.
그러나 그 모든 불안의 뿌리를 들여다보면
침묵보다 '내가 무능해 보일까 두려운 마음'이 있다.
말을 해야 내가 존재하고 있다는 증거가 되는 것처럼 느껴지고,
말을 멈추면
내가 아무것도 모르는 사람처럼 보일까 봐 겁이 난다.

나는 그런 순간을 수도 없이 겪었다.

장례식장에서,

슬픔에 젖은 사람 앞에서,

깊은 상실의 시간 속에 있는 친구 앞에서

나는 가만히 있지를 못했다.

어색한 침묵이 무서워

의미 없는 말을 꺼냈고,

그 말은 어느 순간

상대에게 상처가 되었다.

지금 돌아보면,

그 말들은 '상대에게' 필요한 것이 아니라

'나 자신'을 보호하기 위한 말들이었다.

내가 할 수 있는 게 아무것도 없다는 그 무력감에서 도망치기 위해

내 존재의 쓸모를 증명하기 위해

나는 불필요한 말들을 선택했다.

그 침묵의 순간을 견디지 못한 내가

누군가의 아픔에 소리를 내었다는 것은

결국, 나를 위한 일이었지

그를 위한 위로는 아니었다.

침묵은 어쩌면

가장 큰 존중이다.

내가 할 수 있는 말이 없다는 것을 인정하는 겸손,

내가 그 고통을 대신할 수 없다는 걸 받아들이는 사랑.

우리는 말보다

침묵을 더 배워야 한다.

말보다

손을 얹는 행동을 배워야 하고,

입보다

귀를 여는 훈련을 해야 한다.

말보다 더 따뜻한 침묵은 있다.

아무 말 없이,

옆에 있어 주는 존재.

아무 말 하지 않고,

손만 잡아 주는 진심.

그 모든 말보다 더 깊은 말은

때로 아무 말 없는 그 순간에 있다.

**묵상 구절**

"침묵은 무지가 아니다.

진짜 말은, 가장 조용한 마음 속에서 자란다."

## 6장

# 고통을 겪은 사람만이 아는 것

그날, 나는 아무 말도 하지 못했다.
오랜 친구가 눈물로 말을 잇지 못하고 있었고
나는 그 옆에 앉아, 말없이 그의 떨림을 지켜보았다.
무엇을 말해야 할지 몰랐던 것이 아니라,
무엇도 말할 자격이 없다고 느꼈기 때문이다.
그가 잃은 것을
나는 한 번도 잃어 본 적이 없었다.
그가 지나온 절망의 시간을
나는 그저 건너다보기만 했을 뿐이다.
그렇기에 나는 감히 위로한다는 말을 할 수 없었다.
세상엔 겪은 사람만이 아는 고통이 있다.
그건 책에서 배운다고 아는 것이 아니고,
누군가의 말을 통해 짐작한다고 헤아릴 수 있는 것도 아니다.
단지,

자신의 심장으로 그 고통을 직접 뛰어넘은 자만이
그 언어를 가질 수 있다.
어머니를 떠나보낸 사람은,
'죽음'이라는 말의 무게를 안다.
자식을 먼저 잃은 사람은,
'순서'라는 단어에 함부로 말하지 않는다.
배신당해 본 사람은,
'믿는다'는 말의 끝자락에 있는 침묵을 기억한다.
그 고통을 겪은 사람만이
그 마음을 헤아릴 수 있다.
그러나 세상은 너무 쉽게 말한다.
"이해해."
"나도 그런 적 있어."
"다 지나갈 거야."
그 말들은
고통을 함께 걷는 말이 아니라,
고통의 깊이를 단정 지으려는 말이 된다.
그 깊이를 알지 못하는 자의 언어는
결국 위로가 아닌 왜곡이 되기도 한다.
나는 말보다 눈을 바라본다.
그 사람의 떨림을 보고,
그 사람의 손끝을 살핀다.

입이 아니라 마음으로 들어가는 문은
그렇게 열리는 법이다.
겪지 않았다는 이유만으로
아무것도 하지 말라는 것이 아니다.
단지,
그저 겪은 자처럼 말하지 말라는 것이다.
그 겸손이 누군가의 아픔에
진심으로 다가가는 첫걸음이 된다.

**묵상 구절**
"말은 누구나 할 수 있다.
하지만 마음 깊이 건너온 자만이
고통의 언어를 말할 자격이 있다."

## 7장

## 나는 그 길을 걷지 않았다

나는 그 길을 걷지 않았다.
그래서 그 길 위에 있었던 사람에게
내가 건넨 말은
결국 겉돌고, 흩어지고, 사라졌다.
그 길은
실직 후 삶이 무너져 내린 사람의 길이었고,
사랑하는 이를 떠나보낸 이의 겨울길이었고,
믿었던 사람에게 배신당한
한밤의 비탈길이었다.
나는 그 길을 걷지 않았지만,
그 사람에게 "알 것 같다."고 말했었다.
그게 오히려 상처였다는 걸
나는 한참 후에야 알았다.
사람은 자기 길만 안다.

그리고 그 길은 언제나 외롭고,
세상의 이해로는 채워지지 않는 허기가 있다.
"나도 비슷한 일을 겪었어."
"이런 말이 위로가 될지 모르겠지만…."
나는 그런 말들로
그의 인생에 난입했고,
그의 고요한 고통에 내 그림자를 드리웠다.
지금 생각하면,
그 길을 걷지 않았던 나는
그저 그 옆에,
말없이,
손 한 번 잡아주는 것으로도 충분했을지 모른다.
아무 말도 하지 않아도,
어떤 말보다 가까워지는 순간들이 있다.
그건 침묵의 힘이며,
내가 겪지 못한 것을 인정하는 용기이기도 하다.
이 세상엔
누군가의 고통에 대해
함부로 말해서는 안 되는 순간들이 있다.
그 고통을 '이해'하려 하지 말고,
그저 '함께' 있으려는 자세가 필요하다.
나는 이제 말 대신

걸어 본 자의 침묵을 닮고 싶다.
그 길을 걷지 않았기에,
더 낮고 조심스러운 마음으로
누군가의 길 옆에 머물고 싶다.

**묵상 구절**
"걷지 않은 길 위에서
우리가 해야 할 일은
말하는 것이 아니라,
함께 천천히 머무는 것이다."

8장

## 위로가 되지 않는 말, 차라리 침묵

우리는 누구나 위로하고 싶다.
슬퍼하는 이를 보면,
무너져 있는 이 앞에 서면,
무언가 말하지 않으면 안 될 것 같은
묘한 책임감에 사로잡힌다.
그래서 서툰 위로를 꺼낸다.
"시간이 지나면 괜찮아질 거야."
"그래도 다행이야, 더 나쁜 일도 있었을 수 있으니까."
"모두 지나가는 일이야."
하지만 정작 그 말을 듣는 이는,
그 '지나가는 시간' 속에서
오늘 하루를 온몸으로 버티고 있는 사람이다.
지금 이 고통이
영원처럼 느껴지는 사람에게

'지나간다'는 말은 위로가 아니다.
지금 이 아픔이
세상의 전부가 된 이에게
'괜찮다'는 말은 고립이다.
나는 어느 날
사람을 잃은 친구에게
아무 말도 할 수 없었다.
무슨 말도, 어떤 언어도
그의 무너진 눈빛 앞에서는
모두 가벼워 보였기 때문이다.
그때 나는 배웠다.
어설픈 위로는 오히려 또 다른 상처가 되고,
위로를 위한 말이 아니라
함께 있어주는 시간이
진짜 위로가 될 수 있다는 것을.
어떤 말도 위로가 되지 않는 순간엔
차라리 침묵이 더 따뜻할 수 있다.
차라리 말없이 물 한 잔 건네는 것이,
등을 토닥이는 손길 하나가,
밤새 옆에서 아무 말 없이 함께 깨어 있는 것이
그 사람에게 가장 큰 위로가 된다.
우리는 사랑하는 마음이 깊을수록

말이 많아질 때가 있다.
하지만 때론,
진짜 사랑은 말하지 않는 용기로 피어난다.

**묵상 구절**
"위로는 말이 아니다.
위로는, 말이 필요 없는 순간을
함께 견디는 것이다."

## 9장

## 미안함이 만든 고요한 공간

어느 날, 나는 누군가의 눈빛 앞에서
무언가 말하고 싶은 마음을 꾹 눌렀다.
그건 용기가 아니라
미안함에서 비롯된 침묵이었다.
그 사람은 말을 기다리지 않았다.
그저 내 앞에 앉아
눈물을 닦지도 않은 채
한참을 바라만 보았다.
나는 그 고요 속에서 알았다.
이 순간,
내가 할 수 있는 말은 없다는 것을.
그리고 그 없다는 사실이
오히려 그 사람을 더 진심으로 감싸고 있다는 걸.
미안함이란 참 이상한 감정이다.

때론 말보다 앞서고,
때론 말 뒤에 숨어 흐느끼고,
때론 어떤 말로도 채워지지 않아
침묵 속에 머문다.
그 침묵은 단순한 말 없음이 아니라,
나의 교만을 내려놓은 자리이자,
그 사람의 고통 앞에
내가 더는 무엇도 가볍게 말할 수 없다는
절절한 마음의 표현이었다.
내가 그 사람을 '위로하려는' 말보다
그 고요 속에 머무는 '미안한' 마음이
더 깊은 다리였다는 걸 나는 이제야 안다.
우리는 살아가면서
많은 사람 앞에서 미안해해야 한다.
내가 그를 온전히 이해할 수 없음에,
내가 그를 제대로 감싸지 못했음에,
그리고 내가 함부로 그의 인생을 말했었음에.
그 미안함은
책임을 회피하는 것이 아니라
존중의 시작이다.
그것은 입을 다무는 연습이고,
귀를 여는 연단이며,

누군가의 세계에 허락 없이 들어가지 않겠다는
다짐이다.
나는 이제,
미안함이 만든 그 조용한 공간 안에서
누군가와 오래 머무는 사람이 되고 싶다.
말이 아니라 마음으로 손을 잡고,
눈빛 하나로 고백이 되는 그런 순간을
살아내고 싶다.

**묵상 구절**
"때론 아무 말도 못하는 그 마음이
가장 정직한 위로다.
미안함이 만들어낸 침묵은
진심이 쉬어가는 방이다."

10장

## 말보다 먼저 손을 내밀어야 할 때

사람이 진심으로 무너지는 순간,
그는 더 이상 '말'을 기억하지 않는다.
누가 무슨 말을 했는지,
무엇을 약속했는지,
그 모든 문장들은
그저 어지러운 물결처럼 스쳐 지나갈 뿐이다.
그런 순간에 남는 것은
단 하나—
누가 내 손을 잡아 주었는가 하는 기억이다.
슬픔에 빠진 이를 향해
우리는 너무도 자주 말하려 한다.
"힘내세요."
"괜찮아질 거예요."
"나도 그런 적 있어요."

하지만 그 말들은
무너진 사람 앞에서
종잇장처럼 가볍게 휘날릴 뿐이다.
그 순간,
그에게 필요한 것은 말이 아니라
잡아 주는 손이다.
말보다 먼저 움직이는 손,
가볍게 어깨를 두드리는 손,
무겁게 떨리는 손을 감싸 주는 손—
그것은 아무 말 없이도
모든 말을 대신할 수 있다.
나는 어느 겨울날,
모든 것을 잃고 주저앉은 친구를 찾아갔다.
그에게 말할 용기가 없었고,
무슨 말을 해도 허공을 맴돌 것 같았다.
그래서 나는
그의 손을 조용히 잡아 주었다.
아무 말도 없이.
시간이 멈춘 듯,
세상이 멀어진 듯,
우리는 그날 그렇게 서로의 손을 잡고 있었다.
나중에 그는 말했다.

"그날 아무 말도 안 해서 고마웠어.
그저 손 잡아 준 게, 나한테는 다였어."
그 말을 들으며 나는 깨달았다.
때로 말은 오히려 거리를 만들지만,
손은 거리를 없앤다.
손은 말보다 앞서고,
마음보다 먼저 닿는다.
우리가 살아가며
누군가에게 남길 수 있는 가장 큰 선물은
좋은 말이 아니라
진심 어린 손길일지 모른다.
말보다 먼저 손을 내밀어야 할 때—
그 순간을 놓치지 않는 사람이
결국 사람의 마음 안에 오래 남는다.

**묵상 구절**
"말은 머리에서 시작되지만,
손은 마음에서 움직인다.
말보다 먼저 내민 손 하나가
어떤 위로보다 더 깊다."

## 11장

# 과거의 나, 교만했던 입

나는 한때,
많이 말하던 사람이었다.
누구보다 쉽게 조언했고,
누구보다 당당히 충고했다.
그 말들은
지금 생각하면 참 뻔뻔하고도 교만한 말들이었다.
그때의 나는
'내가 옳다'는 확신 속에서 살았다.
누군가가 슬퍼하면,
이유를 분석하고 해결책을 제시하려 들었고,
누군가가 삶의 무게에 짓눌리면
그 원인을 진단하며 방향을 알려 주려 했다.
하지만 나는 몰랐다.
아니, 알려 하지 않았다.

그 사람이 걸어온 날들,

그 속에서 겨우 숨을 붙잡으며 버텼던 밤들,

그가 견딘 슬픔과 상실,

그 모든 것을 나는 단 한 순간도 살아본 적이 없었다.

그럼에도 불구하고

나는 그 누구보다 쉽게 말했다.

그것이 나의 '도움'이라고 믿었고,

그것이 나의 '사랑'이라 착각했다.

그 모든 말들이

내 입에서는 가볍게 나왔지만,

그 사람의 마음에서는 깊은 상처로 남았을지도 모른다.

이제야 알게 되었다.

그때의 나는 지식은 있었지만, 겸손은 없었다.

진심은 있었지만, 경험이 없는 진심은 때로 무책임할 수 있다.

나는 지금,

그때 말했던 모든 장면들을 하나하나 떠올려 본다.

누구보다 진심이었지만,

그 진심이 교만으로 변질되어 버렸던 순간들.

그리고 마음속 깊이 중얼거린다.

"미안합니다.

내 경험 없이 당신의 고통을 함부로 판단했던 날들을,

그리고 그 입술로 당신의 상처 위에

설명이라는 이름의 소금을 뿌렸던 나를."

이제 나는 안다.

말이 먼저 나가는 사람보다,

마음이 먼저 다녀오는 사람이 되고 싶다.

이제 나는,

교만했던 입을 다물고,

조용히 귀를 여는 사람이 되고 싶다.

**묵상 구절**

"진심 없는 말은 공허하고,

경험 없는 말은 교만하다.

교만했던 입은 후회로 닫히고,

겸손한 귀만이 사랑을 듣는다."

## 12장

## 경험이 없는 자의 무지한 조언들

나는 때로
누군가를 돕고 있다는 착각 속에서
조언을 남발했다.
말을 건네는 나는 뿌듯했고,
듣는 이가 고개를 끄덕이면
더한 위안을 느꼈다.
그러나
지나고 보니 알게 되었다.
그 조언들은 조언이 아니라
무지였다.
내가 겪지 않은 삶에 대해
너무도 확신에 찬 목소리로 말했던,
부끄러운 무지였다.
"그렇게 하면 안 되지."

"그건 네가 잘못 선택한 거야."
"이럴 땐 이렇게 하는 게 맞는 거야."
나는 그렇게 말했다.
내가 살아본 작은 세계의 지식만을 들고,
세상의 모든 고통을 설계도처럼 설명하려 했다.
하지만 사람의 마음은
이론으로 움직이지 않는다.
삶은 수학처럼 계산되지 않으며,
아픔은 각자의 결로 흘러간다.
그들의 인생은
내가 모르는 사연으로 얽혀 있었고,
그 사연들은 나의 '일반화된 생각'으로는
풀 수 없는 그들만의 미로였다.
나는 조언이 아니라
판단을 했던 것이다.
도움을 가장한 무례였고,
위로를 흉내 낸 우월감이었다.
지금의 나는
말을 꺼내기 전, 먼저 물음을 던진다.
"나는 이 이야기를 할 자격이 있는가?"
"내가 진짜 도우려는 것인가, 아니면 스스로를 뽐내려는 것인가?"
경험 없는 자가 가장 쉽게 빠지는 함정은

'잘 모르지만 말할 수 있다'는 착각이다.
하지만 진짜 지혜는
'모르기 때문에 말하지 않는다'는 겸손에 있다.
이제 나는 조언보다
기도를 먼저 떠올린다.
판단보다
경청을 선택한다.
이해하려는 말보다
함께 아파하는 침묵을 택한다.
그것이
진정한 사랑이고,
내가 비로소 사람을 배워가는 길이다.

**묵상 구절**

"경험 없는 조언은
상처 위에 놓인 바늘이다.
겸손은,
'아무 말도 하지 않음'으로부터 시작된다."

## 13장

# 나는 누군가의 상처였다

나는 한때 누군가의 상처였다.
그가 아닌,
내가
그 사람의 마음에 고요히 스며든
말의 칼날이었다.
그때 나는 몰랐다.
내 말 한 줄이,
그의 가슴을 얼마나 깊게 베었는지.
그는 그저 고개를 끄덕이며 웃었지만,
그 웃음 뒤편에서
그가 얼마나 조용히 무너졌는지
나는 알지 못했다.
나는 잘해 주고 싶었다.
도움이 되고 싶었고,

위로가 되고 싶었다.
그런데 그 마음이
말 앞에서 교만이 되었고,
말 뒤에서는
상처가 되어 버렸다.
지금도 가끔 생각난다.
그날, 그의 눈빛.
말없이 나를 바라보던 그 깊은 침묵.
그 침묵은,
내 말에 대한 동의가 아니라
내 마음을 향한 절망이었다.
나는 그의 아픔을
함부로 해석했고,
그의 사연을
내 방식대로 재단했다.
그리고 결국
나는, 그의 상처가 되었다.
그가 나에게 직접 말한 적은 없다.
"당신의 말이 나를 아프게 했어."
그저 우리 사이에
묵직한 고요함이 하나 놓였을 뿐이다.
그 침묵이, 내게 가장 깊은 가르침이었다.

이제 나는 알고 있다.
내가 좋은 사람이기만 해도,
누군가에겐 상처가 될 수 있다는 것을.
그리고 그 상처는
대개 내가 무심코 던진 말에서 비롯된다는 것을.
나는 누군가의 상처였다는 고백 앞에서
겸손해진다.
그리고 다짐한다.
다시는
내 말이 누군가의 마음을 꺾지 않게 하겠다고.
다시는
내 입이 누군가의 눈물을 부추기지 않게 하겠다고.
사람은 누구나 실수한다.
하지만 그 실수를 기억하고
마음으로 새긴 자만이
진짜 회복을 시작할 수 있다.

**묵상 구절**
"누군가의 위로가 되기 전에
나는 누군가의 상처였다.
그 사실을 잊지 않을 때,
우리는 말에 책임을 갖는다."

14장

## 반성에서 피어난 온기

사람은 누구나 실수한다.
말로 누군가를 다치게 하고,
뜻하지 않게 마음에 흉을 남기기도 한다.
그러나 그 모든 상처 위에도
피어나는 것이 있다.
그것은 바로 '반성'이라는 이름의 따뜻함이다.
나는 나의 말들이
어떤 이의 마음을 아프게 했다는 것을
오래 지나고서야 알았다.
그때는 몰랐다.
오히려 내 진심이 왜곡되었다고 억울해했고,
그의 오해라고 여겼다.
하지만 시간이 흐른 뒤
나는 깨달았다.

진심이었든 아니든,

상처는 이미 생겨 있었다는 것을.

그리고 그 상처는,

내 말의 무게를 스스로 점검하지 않았던

나의 책임이었다는 것을.

그 깨달음 앞에서

나는 처음으로 '반성'을 배웠다.

그것은 죄책감과는 달랐다.

죄책감이 자신을 향한 슬픔이라면,

반성은 타인을 향한 따뜻한 시선의 회복이었다.

나는 그 사람에게

늦은 손편지를 썼다.

미안하다는 말,

내가 너무 앞서 판단했고

너무 쉽게 말했고

너무 몰랐다는 고백을 담았다.

답장은 오지 않았다.

하지만 나는 그 침묵 속에서도

한 줄기 온기를 느낄 수 있었다.

내가 지나온 무례함을 정직하게 마주하고

그 상처 위에 조심스럽게

사과의 온기를 얹는 그 순간,

내 말이 비로소 사람을 향해 가고 있다는 걸 느꼈다.

사람은 누구나 실수하고,

누구나 다시 배운다.

반성은 나를 작게 만드는 것이 아니라,

더 넓은 사람으로 만들어 준다.

그 반성에서 피어난 온기가

누군가의 얼어붙은 마음을 녹이기 시작할 때,

비로소 말은 다시,

사람의 손을 잡는다.

**묵상 구절**

"반성은 고백이 아니다.

그것은 다시 사랑하기 위한

가장 조용한 용기이다."

## 15장

# 다시 말하기까지, 긴 시간의 침묵

한때 나는 모든 것을 말로 해결하려 했다.
대화가 진심을 전할 수 있다면,
말이 관계를 회복시킬 수 있다면,
그 어떤 상처도
한마디 진실로 치유될 수 있을 거라 믿었다.
하지만 상처를 준 입으로
곧바로 위로를 말할 수는 없었다.
때로는
말이 아닌 침묵만이
관계의 무너진 다리를 다시 세울 수 있다.
그 사실을 받아들이기까지
나는 많은 시간을 침묵 속에서 보냈다.
무엇을 말해야 할지 몰라서가 아니었다.
오히려,

무엇을 말해도 닿지 않을 것 같았기 때문이었다.
그 침묵은 비겁함이 아니라,
그의 고통 앞에 내가 먼저 무너진
겸손의 시간이었다.
사과의 말보다 먼저
입을 닫은 시간,
위로의 말보다 먼저
손끝만 움직이며 바라봤던 시간.
그 침묵의 시간은
내가 다시 사람의 마음에
걸음을 내딛기 위한 준비였다.
나는 말이 회복을 이끄는 순간보다,
침묵이 신뢰를 쌓는 시간이 더 깊다는 걸 배웠다.
내가 말을 꺼내지 않음으로써
상대의 말 없는 고통을 듣게 되었고,
그 고통 앞에서
말없이 고개를 숙이게 되었다.
그 시간이 지나고,
비로소 나는 말을 꺼낼 수 있었다.
조심스럽고, 낮은 목소리로.
"그때, 미안했어.
너무 몰랐고, 너무 쉽게 말했어."

그 말은
침묵 위에 놓인 다리였다.
그 침묵이 있었기에,
그 말이 진심이 될 수 있었다.
사람은 말로 다가가지만,
말하지 않음으로 신뢰를 지킨다.
그리고 때가 오면
그 말은, 더 이상 무기가 아닌
회복의 씨앗이 된다.

**묵상 구절**
"다시 말하기 위해
나는 오랫동안 침묵했다.
그 침묵이 있었기에
나의 말은 처음으로
누군가의 마음에 닿을 수 있었다."

## 16장

## 슬픔을 지나니 들리는 말들

고통 속에 있을 땐,
사람의 말이 잘 들리지 않는다.
어떤 위로도 공허했고,
어떤 충고도 먼 소음처럼 스쳐 지나갔다.
말은 들리지만,
마음은 닫혀 있었다.
슬픔은, 듣는 능력마저 빼앗아간다.
아니,
더 정확히 말하자면—
슬픔은 말이 아닌 온기를 원한다.
하지만 슬픔의 시간을 지나고 나면
이상하게도,
그때 들리지 않던 말들이
비로소 마음을 울린다.

그 말들은 대개

그 순간엔 너무 조용해서 들리지 않았던 말들이다.

"괜찮아질 거야."

"네가 아니었으면 나는 버티지 못했을 거야."

"그때 함께 있어서 고마웠어."

그 말들은

그 슬픔이 지나간 뒤에야

마치 오래된 편지처럼

다시 내 마음에 도착했다.

말이란,

때로는 시간이 지나야 들린다.

슬픔이 가라앉아야,

그 고요한 바닥에서

말의 잔향이 서서히 번진다.

나는 이제 누군가가 아플 때,

굳이 말로 닿으려 하지 않는다.

그의 시간 속에서

내 말이 언제쯤 들릴 수 있을지

그것을 믿으며, 조용히 곁에 머문다.

말은 급할수록 멀어지고,

기다릴수록 깊어진다.

말은 바로 지금 전달되지 않아도 괜찮다.

진심은 언젠가,
그 사람의 고요한 시간에 도착하게 되어 있다.

**묵상 구절**
"그때는 들리지 않았던 말이
시간이 흐른 뒤,
가장 따뜻한 위로로 돌아왔다."

17장

# 상처받은 이의 귀는 다르다

사람은 귀로 듣지만,
마음으로 받아들인다.
그렇기에 상처받은 이의 귀는
다르다.
더 예민하고, 더 민감하며,
때로는 세상의 모든 말이
자신을 향한 화살처럼 느껴진다.
"너무 예민한 거 아니야?"
"그렇게까지 생각할 일은 아니잖아."
그 말들은
상처 위에 또 다른 상처를 남긴다.
왜냐하면,
상처받은 사람의 귀는
이미 고통이라는 필터를 통과해 듣고 있기 때문이다.

나는 그런 귀를 몰랐다.

그래서 내 말이 진심이라 생각했고,

그가 다르게 받아들이는 것을

그의 문제라 여겼다.

하지만 시간이 지나고

나 또한 상처를 겪고 나서야 알게 되었다.

말이라는 것이

어떻게 들리는가보다

누가, 어떤 마음으로 듣는가가 더 중요하다는 것을.

그 후로,

나는 조심스러워졌다.

내 말이 누군가의 귓가에

칼날처럼 떨어지지 않도록.

내 진심이, 오히려 그를 더 아프게 하지 않도록.

상처받은 이에게 필요한 말은

대단한 조언이나 정답이 아니다.

그저

"괜찮아."

"그럴 수 있어."

"나 여기 있어."

그 말조차

한 번 더 삼켜보고,

다시 마음으로 곱씹은 후에
작고 부드럽게 꺼내야 한다.
그렇게 할 때
그의 귀는
처음으로 문을 연다.
그 고요한 문틈 사이로
말의 체온이 스며든다.
상처받은 이의 귀는
다르다.
그리고 그 귀에 닿을 수 있는 말은
오직,
마음에서 온 말뿐이다.

**묵상 구절**
"상처 입은 귀는
진심만 듣는다.
그 진심은
말보다 마음이 먼저 전한 것이다."

## 18장

## 말은 공감이 아니라, 동행이다

우리는 흔히 말한다.
"나도 알아."
"그 마음 이해해."
"정말 공감돼."
그러나 어떤 마음은
이해할 수 없는 고통이다.
겪지 않았기에,
감히 '알겠다'고 말할 수 없는 마음들이 있다.
그럼에도 불구하고
사람들은 공감을 말하려 한다.
진심으로.
그리고 착한 마음으로.
그러나 때로
그 말은,

고통의 한가운데 있는 사람에게

차라리 무관심보다 더 멀게 느껴지기도 한다.

왜일까?

공감이라는 말은

머리로 하는 동의일 수 있기 때문이다.

그 말엔 감정은 있으나,

발걸음이 없다.

진짜 위로는

말이 아니라 동행에서 온다.

어떤 날,

나는 말 한마디 없이

슬픔에 잠긴 친구 옆을 걸었다.

카페에도 가지 않았고,

음식도 먹지 않았다.

그냥 걷기만 했다.

그 시간 동안

우리는 아무 말도 하지 않았지만,

그 날의 침묵은

수많은 말보다 더 많은 것을 전해 주었다.

'나 여기 있어.'

'너 혼자가 아니야.'

'나는 너를 떠나지 않아.'

말로 전할 수 없는 마음은
걸음으로 전해지고,
걸음으로 이어진 관계는
말보다 오래 기억된다.
공감은 말로만 머무를 수 없다.
진짜 공감은
그 사람의 슬픔 속으로 내 몸을 들여놓는 일이다.
함께 울고,
함께 고개를 떨구고,
함께 손을 붙잡고 걷는 것이다.
말로 다가가되,
말에 머물지 말라.
말은 시작일 뿐,
진짜 사랑은 동행으로 완성된다.

**묵상 구절**
"말은 마음의 문을 두드리고,
동행은 그 문 안으로 들어선다."

19장

## 나를 낮추는 말, 높이는 말

말은 방향이 있다.
그 말이
타인을 향하는지,
나를 드러내기 위한 것인지.
한때 나는
타인을 위한 말이라고 생각했지만,
그 말이 결국
나 자신을 높이는 말이었다는 걸
뒤늦게 깨달았다.
"나는 그럴 때 이렇게 했었어."
"내가 아는 사람도 똑같은 일을 겪었는데, 이렇게 극복했지."
"내 방식이 더 나았던 것 같아."
그 말들엔
조언처럼 보이는 경험이 있었고,

위로처럼 들리는 충고가 담겨 있었지만—
그 말의 중심에는
항상 '나'가 있었다.
타인을 말로 돕는다 하면서
사실은
나의 지혜를 증명하려는 욕망,
내가 더 나은 사람이라는 믿음이
숨겨져 있었다.
그런 말은
들을수록 마음을 닫게 만든다.
왜냐하면 그것은
도움이 아니라 '비교'가 되고,
위로가 아니라 '우월함'이 되기 때문이다.
반면,
나를 낮추는 말은 다르다.
"사실 나도 잘 몰라."
"그럴 땐 나도 많이 무너졌었어."
"그 마음이 어떤지는 모르지만, 내가 함께 있을게."
이런 말들은
높은 곳에서 내려다보지 않는다.
오히려
무릎 꿇고 앉아

상대의 눈높이에 맞춘다.
그 낮춤에서
진짜 위로가 시작된다.
나는 이제,
말이 '진심'인지 아닌지를
그 말이 나를 낮추고 있는지
타인을 들어 올리고 있는지를
따져 본다.
나를 낮추는 말은
결국,
타인을 높이는 말이다.
진정성은
가장 겸손한 말 속에서 피어난다.

**묵상 구절**
"말은 마음의 거울이다.
나를 낮출수록
말은 타인의 마음에 다가간다."

## 20장

## 말은 사유의 열매다

말이란

그저 떠오른 감정이나 생각의 찰나가 아니다.

진짜 말은

묵상과 침묵, 기다림과 절제가 쌓여

마침내 열매처럼 익어 나오는 것이다.

나는 예전엔

말이란 재빠르게 해야 하는 줄 알았다.

순간을 놓치지 않고,

명확하게,

단호하게—

그렇게 말할수록 강하다고 믿었다.

그러나 살아갈수록 알게 되었다.

진실한 말일수록

늦게 나온다.

충분히 숙성된 말만이
사람의 마음에 스며든다는 것을.
사유 없이 말하는 사람은
풍성한 가지를 내지 못한다.
그의 말은 얕고, 가볍고,
지나간 뒤엔 흔적조차 남지 않는다.
하지만 삶을 깊이 되새기고,
상대의 마음을 천천히 더듬으며
한마디, 한마디
심사숙고한 이의 말은
마치 잘 익은 열매처럼
단단하고, 따뜻하고,
먹은 이의 마음을 살찌운다.
나는 그런 말을
가진 사람이 되고 싶다.
즉흥이 아닌 성찰로,
감정이 아닌 이해로,
뽐냄이 아닌 기다림으로
말을 맺는 사람.
우리가 평소에 얼마나 생각하며 사는지,
얼마나 조용히 자신을 돌아보는지—
그 깊이만큼

우리의 말은 깊어지고
그 말은
누군가의 삶에 나무가 되고
그늘이 되고
어떤 날엔 과일이 되어
그 마음을 달게 한다.
말은,
사유의 열매다.
성찰 없이 맺은 말은
아직 덜 익은 것이고,
침묵 속에 여물어 나온 말만이
진짜다.

**묵상 구절**
"말은 생각의 열매다.
생각이 얕으면 말은 가볍고,
생각이 깊으면 말은 그늘이 된다."

**21장**

## 경험 없는 말은 지적이 아니라 비판이다

"그렇게 하면 안 되는 거였어."
"왜 그땐 그런 선택을 했을까?"
"내가 보기엔 그게 잘못이야."
이런 말들은
처음엔 '도움'처럼 들리지만,
실은 '판단'이다.
더 나아가,
그 판단은 비판의 옷을 입은 교만이다.
경험 없이 말하는 사람은
대개 말이 빠르다.
마음이 머물기도 전에
결론부터 꺼내고,
상대의 이야기보다
자신의 정답을 먼저 말한다.

하지만 그런 말은
상대의 삶을 이해하는 것이 아니라,
그 삶을 지적하고 정리하려는 시도일 뿐이다.
말은 지적이 될 수도 있고,
비판이 될 수도 있다.
그 차이를 가르는 건
겪었는가, 겪지 않았는가의 아주 작은 간극이다.
경험한 자는
말이 더디다.
그는 안다.
고통의 길이 얼마나 고요한지,
사람의 선택이 얼마나 복잡한지.
그래서 그는
섣불리 말하지 않고,
함부로 판단하지 않으며,
그저 마음을 다해 듣는다.
나는 예전엔
말이 빠르고 선명한 사람이 되고 싶었다.
하지만 지금은
말보다 묵음의 순간에 더 오래 머무는 사람이고 싶다.
경험 없는 말은
이해가 아니라 교정이 되고,

공감이 아니라 공격이 된다.
그러니
겪지 않았다면,
지적하지 말고,
비판하지 말고,
그저 기다려라.
그리고 그 침묵의 시간 속에서
말의 무게를 다시 저울질하라.
그때 비로소
당신의 말은
누군가의 마음에
자리를 내어줄 준비가 되어 있을 것이다.

**묵상 구절**
"겪지 않은 말은 가벼워야 한다.
그 무게를 모른 채 꺼낸 말은
누군가의 어깨를 더욱 무겁게 한다."

## 22장

# 듣는다는 것은 사랑하는 것이다

사람들은 '말'에 능한 이들을
종종 지혜롭다고 여긴다.
그러나 나는,
'듣는 데에 능한 사람'이야말로
진짜 사랑을 아는 사람이라고 믿는다.
듣는다는 건,
입을 닫는 것이 아니라
마음을 여는 일이다.
상대의 말에 고개만 끄덕이는 것이 아니라
그 말 뒤에 숨겨진
숨소리까지 듣는 일이다.
우리는 종종 누군가의 말을 들으면서도
마음속에 다음에 할 말을 준비하느라
정작 그 사람의 마음은 놓치고 만다.

"그랬구나."

"아… 정말 그런 일이 있었구나."

"어떡해, 힘들었겠다…."

이 짧은 말들은

공감을 담은 응답이기도 하지만,

그보다 더 중요한 것은

그 말이 나오는 동안

온전히 '귀 기울인 시간'이다.

누군가를 진심으로 들으려면

우리는 '내 생각'을 내려놓아야 한다.

내 판단, 내 충고, 내 경험을

잠시 가방에 넣고,

그 사람의 세계에 입장하는 겸손한 손님이 되어야 한다.

사랑은

"내가 얼마나 널 잘 알고 있는가?"를 말하는 것이 아니라,

"나는 아직 너를 다 알지 못하지만

그래도 더 알고 싶다."고 말하는 것이다.

그리고 그것은

오직 '듣는 자세'에서 가능하다.

듣는다는 것은

상대의 말이 끝나도

당신의 마음속에서 여전히 울리고 있는 상태.

그 침묵의 울림을 품고
상대를 이해하려는 사랑의 증거다.
나는 이제
누군가를 사랑하려 할 때
무엇을 해 주겠다는 다짐보다
얼마나 그 사람의 이야기를 들을 준비가 되어 있는가를 먼저 묻는다.
왜냐하면,
듣는다는 것 자체가
이미 하나의 '행동'이자
가장 조용한 방식의 사랑이기 때문이다.

**묵상 구절**
"말은 순간을 지나가지만,
진심으로 들은 한 문장은
마음속에서 오래도록 머문다."

23장

## 말로 포장된 무례

사람은
진심이 없으면 정중해질 수 있다.
그리고 그 정중함은
때로 '말로 포장된 무례'가 되기도 한다.
"그런 생각도 할 수 있겠네요."
"그건 당신 입장에서는 그럴 수 있겠지만요."
"제가 드리고 싶은 말씀은 이겁니다."
겉으로는 공손하고
말투는 부드러우며
표현은 조심스럽지만,
그 말 안에 담긴 건—
상대를 진심으로 이해하려는 태도가 아니라
자기 관점의 우위일 때가 있다.
나는 어느 날 깨달았다.

내가 예의 있게 말한다고 해서

늘 예의 있는 사람이 되는 건 아니란 걸.

말의 형식은 곱지만,

그 마음의 모양은 차가운 날이 분명히 있었다.

포장된 말은

포장된 감정을 만든다.

그리고 그 감정은

상대를 향한 거리감으로 이어진다.

말을 들은 사람은

어디선가 모르게 멀어지고,

자신의 마음이 작게 움츠러드는 걸 느낀다.

말은 단어가 아니라 태도다.

진심 없는 말은,

그 의도를 아무리 포장해도

상대의 마음엔 '무례함'으로 남는다.

나는 지금,

말을 꺼내기 전에 스스로 묻는다.

이 말은 진짜 배려인가?

아니면 내 생각을 합리화하기 위한 꾸밈인가?

그 질문 앞에 진심으로 서보는 일,

그게 말의 무게를 아는 첫 걸음이다.

무례는 언제나

'말하기 쉬운 사람' 앞에서 드러난다.
가까운 사람일수록,
편안한 사람일수록
우리는 포장하지 않고 말하기 쉽고,
혹은 너무 과하게 포장해서
정작 마음은 잃어버린다.
이제 나는
말을 포장하기보다
말을 벗기려 한다.
솔직하고 조심스럽게,
정직하고 따뜻하게.
말은 선물이 될 수도 있지만,
그 포장이 두껍고 속이 비어 있다면
그저 예쁜 상처가 될 뿐이다.

**묵상 구절**
"말은 예쁠 수 있다.
그러나 진심이 없으면
그 말은 예리한 무례가 된다."

**24장**

## 입을 닫아야 들리는 마음

사람은 끊임없이 말한다.
말로 마음을 표현하고,
말로 사랑을 고백하고,
말로 관계를 이어간다.
하지만 진짜 마음은,
말이 멈추는 순간에 비로소 들린다.
나는 어떤 날,
사람의 말이 너무 많아서
그 마음이 어디에 있는지
도무지 알 수 없었던 적이 있다.
그는 계속 말했다.
자신이 얼마나 아팠는지,
얼마나 억울했는지,
얼마나 이해받지 못했는지를.

하지만 이상하게도,

나는 그의 마음이 느껴지지 않았다.

반면,

아무 말도 하지 않던 누군가는

그저 눈빛 하나로,

그저 조용히 내 손을 잡아 주며

나의 울음을 함께 삼켜 주었다.

그 순간, 나는 알았다.

입을 닫아야,

비로소 들리는 마음이 있다는 것을.

말이 많을수록

우리는 때때로

자신의 마음을 감추게 된다.

말로 위장한 분노,

말로 포장된 허전함,

말로 덮어둔 두려움들.

하지만

입을 다물고 조용히 바라보면

그 사람의 떨리는 손끝에서,

피하지 못하는 눈빛에서,

말보다 진한 마음이 흐르고 있다는 걸 알게 된다.

침묵은 때때로

가장 큰 고백이다.
그리고 우리가 그 침묵에 귀를 기울일 때,
비로소 들을 수 있다—
그가 말하지 않은 모든 마음들을.
나는 이제
입을 닫는 시간을 두려워하지 않는다.
그 시간은 어색함이 아니라
마음이 말하기 시작하는 시간이기 때문이다.
말이 많아질수록
마음을 놓치는 세상 속에서,
우리는 다시 배워야 한다.
말을 멈추는 연습.
그 멈춤 속에서
비로소 들리는 목소리,
그건 '그 사람의 진심'이다.

**묵상 구절**
"말은 입으로 나오지만,
마음은 침묵으로 들린다.
입을 닫아야
마음은 말을 시작한다."

**25장**

# 결국, 말은 사람을 닮는다

말은 그저 소리의 조합이 아니다.
어떤 사람은 말로 벽을 세우고,
어떤 사람은 말로 다리를 놓는다.
누군가는 침묵 속에 교만을 숨기고,
누군가는 침묵 속에 사랑을 담는다.
말은 그 사람의
생각과 감정,
삶과 방향,
무게와 결을 고스란히 품는다.
나는 많은 사람의 말을 들었다.
짧은 인사 한 마디에도
그의 성품이 배어 있고,
가벼운 농담 속에도
삶을 대하는 태도가 스며 있었다.

그리고 어느 날,
나 자신에게 되물었다.
"나는 어떤 말을 하고 있는가?
내 말은 나를 닮아 있는가?"
과거의 나는
알지 못하는 것에 대해
너무 쉽게 말했고,
겪지 않은 고통 앞에
너무 빠르게 입을 열었다.
그 말은 결국
내 미성숙한 내면,
사랑 없는 확신,
겸손 없는 지식을 닮아 있었다.
하지만 이제는 다르다.
나는 말하기 전에
그 말이 누군가의 마음에 닿을 준비가 되어 있는지를 먼저 묻는다.
그 말이
사람을 살릴 수 있는지,
사람을 꺾지는 않을지,
그 질문을 품고 말을 고른다.
말은 기술이 아니라 인격이다.
그리고 결국,

말은 그 사람의 '모습'이 아니라
그 사람의 '속'을 드러낸다.
말이 곧 사람이고,
사람이 곧 말인 것이다.
그래서 나는
좋은 사람이 되고 싶다.
좋은 말을 하기 위해서가 아니라,
말이 저절로 따뜻해지는 사람이 되기 위해서.
입술로가 아니라
삶 전체로 말하는 사람이 되고 싶다.

**묵상 구절**
"말은 사람을 따라 흐른다.
결국 말은,
그 사람이 어떤 마음으로 살아왔는지를
조용히 증명해 주는 그림자다."

## 시간이 지나도 머무는 것들

내 안의 침묵이 말하기 시작한 순간들

"모든 것은 흘러갔다.
하지만 몇몇 마음은,
시간속에서도 끝내 머물렀다."

## 목차

| | | |
|---|---|---|
| 1장 | 눈물에게 배운 것 | 87 |
| 2장 | 사랑은 천천히 늙는다 | 90 |
| 3장 | 우리가 잊고 지낸 말들 | 93 |
| 4장 | 마음이 부서진 날, 달빛은 내 편이었다 | 96 |
| 5장 | 바람이 알려 준 용서 | 99 |
| 6장 | 아무도 없는 벤치에 앉아 | 102 |
| 7장 | 기다림도 사랑이었다 | 105 |
| 8장 | 그때 그 말을 하지 못했다 | 109 |
| 9장 | 그늘이 있어야 꽃도 핀다 | 113 |
| 10장 | 아버지의 손은 여전히 따뜻했다 | 117 |
| 11장 | 불완전한 나를 사랑해준 너에게 | 121 |
| 12장 | 다시, 봄이 왔다 | 124 |
| 13장 | 외로움에게 편지를 쓴 밤 | 127 |
| 14장 | 빛은 상처 난 틈으로 들어온다 | 131 |
| 15장 | 나를 버린 날, 나는 나를 안았다 | 135 |
| 16장 | 부서지는 파도 앞에서 배우는 평화 | 139 |

| 17장 | 시간이 데려간 사람들 | 143 |
| 18장 | 사라지지 않는 이름 하나 | 146 |
| 19장 | 희망은 무너진 자리에서 시작된다 | 150 |
| 20장 | 이제야 사랑할 수 있게 된 나 | 154 |
| 21장 | 사라진 인사를 기억하며 | 158 |
| 22장 | 익숙함이 주는 위로 | 160 |
| 23장 | 우리가 스쳐간 자리들 | 162 |
| 24장 | 가끔은 나에게 기대도 괜찮아 | 163 |
| 25장 | 다 말하지 않아도 괜찮아 | 165 |
| 26장 | 잘 지내니, 그 한마디가 전부였다 | 167 |
| 27장 | 비 오는 날엔 꼭 생각나는 사람 | 169 |
| 28장 | 아무 말 없이 건넨 그 손길 | 171 |
| 29장 | 언젠가, 이 모든 날이 그립겠지 | 173 |
| 30장 | 나무가 되기로 했다 | 175 |
| 31장 | 조용한 눈물이 더 오래 남는다 | 177 |
| 32장 | 오래된 것들이 주는 울림 | 179 |

| | | |
|---|---|---|
| 33장 | 이해 받지 못한 날의 기억 | *181* |
| 34장 | 어느 날 문득 울컥하는 순간 | *183* |
| 35장 | 이제는 안녕이라는 말을 해도 괜찮다 | *185* |
| 36장 | 말하지 않아도 전해지는 것들 | *187* |
| 37장 | 사랑은 기억 위에 남는다 | *189* |
| 38장 | 조용한 퇴장이 더 많은 것을 말할 때 | *191* |
| 39장 | 다정한 무관심 | *193* |
| 40장 | 당신이 건넨 그 말 한 줄이 | *196* |
| 41장 | 늦게 피어도 괜찮아 | *199* |
| 42장 | 울지 못한 밤이 더 아팠다 | *202* |
| 43장 | 나는 왜 나를 자꾸 잊었을까? | *205* |
| 44장 | 이름 없는 순간들이 나를 살렸다 | *208* |
| 45장 | 다시 시작할 수 있는 이유 | *210* |

| | |
|---|---|
| 에필로그 | *213* |
| 저자 후기 | *215* |
| 독자에게 전하는 편지 | *217* |

1장

# 눈물에게 배운 것

어떤 날은,
말보다 눈물이 먼저 찾아왔다.
그날은 구름도 낮게 깔려 있었고,
지나가는 바람조차 위로처럼 느껴졌다.
나는 무너지듯 앉아
어떤 이유도 없이, 혹은 너무 많은 이유 때문에
그저 조용히 울고 있었다.
울음이라는 건 생각보다 깊은 것이다.
그건 단순한 감정의 쏟아짐이 아니라,
말이 되지 않는 마음의 언어다.
나를 울게 한 것은 누군가의 말이었을 수도 있고,
어릴 적 듣지 못했던 그 다정한 한마디였을 수도 있다.
혹은 내가 나 자신에게 너무 오랫동안

냉정했기 때문일지도 모른다.

눈물은 내게 가르쳐 주었다.

가장 강한 사람은 울 줄 아는 사람이라는 것을.

자신의 부서짐을 인정할 줄 아는 용기야말로

진짜 강함이라는 것을.

울면서 나는 조금씩,

나를 더 이해하게 되었고

다른 사람의 고통에 조금 더 귀 기울이게 되었다.

밤하늘에 별이 떠 있을 때,

그 빛은 사실 낮 동안 흘린 눈물이

하늘 위에 닿아 만든 위로일지도 모른다.

눈물은 언제나 부끄러운 것이 아니라

삶이 나를 다독이는 가장 진실한 방식이다.

내가 가장 깊이 울었던 그날,

나는 깨달았다.

"나는 아직 사랑하고 있다는 것을."

"나는 아직 살아 있다는 것을."

이제는 누군가 눈물을 보이면,

나는 말하지 않는다.

그저 옆에 앉아

같이 있어 준다.

그것만으로도 충분하다는 걸
나는, 눈물에게 배웠기 때문이다.

**한 줄 묵상**
"말을 아끼는 자의 침묵에는" 말보다 더 많은 이야기가 숨어 있다.

2장

## 사랑은 천천히 늙는다

사랑은 한순간에 뜨거워지지 않는다.
또한, 한순간에 식지도 않는다.
사랑은 느리다.
마치 해 질 무렵의 햇살처럼,
그저 천천히,
말없이 시간을 쌓아간다.
누군가를 사랑한다는 것은
그 사람의 아침을 기억하고,
그 사람의 침묵을 이해하게 되는 일이다.
처음에는 모든 게 반짝거렸다.
목소리 하나에도 심장이 떨렸고,
손끝 스치는 우연에도 설레었다.
그러나 시간이 흐르고
사랑은 뜨겁지 않은 온기로 남았다.

애틋함 대신 익숙함이,
설렘 대신 신뢰가 머물렀다.
그 변화가 처음엔 서운했지만,
지금은 알 것 같다.
사랑이란 결국
서로의 주름마저도
예쁘게 여겨 주는 것이란 걸.
우리는 함께 늙어가고 있었다.
같은 습관을 닮아가고,
같은 냄새를 좋아하게 되고,
같은 침묵 속에서 마음을 나누게 되었다.
때론 말하지 않아도 알게 된다.
그 사람이 오늘 힘들었는지,
혼자 있고 싶은지,
아니면 그저 곁에 있어 주길 바라는지.
사랑은 목소리보다
눈빛 안에서 더 오래 살아남는다.
사랑이 늙는다는 건,
사라진다는 뜻이 아니다.
오히려, 더 깊어진다는 의미다.
그건 처음의 불꽃보다
더 따뜻하고, 더 단단하다.

언젠가,

서로의 손을 잡은 채

눈을 감게 되는 날이 온다 해도,

그 손의 온기만큼은

마지막까지 식지 않으리라.

그리하여 나는 믿는다.

사랑은 천천히 늙고,

영원히 잊히지 않는다는 것을.

**한 줄 묵상**

"겪어낸 고통만이" 남의 고통 앞에 말을 허락받는다.

3장

## 우리가 잊고 지낸 말들

"괜찮아?"

"고마워."

"미안해."

"사랑해."

이 말들은 짧고 소박하다.

하지만 누군가의 삶을 구할 수 있는 말이기도 하다.

우리는 언제부터 이 말들을 잊고 살았을까?

말하지 않아도 안다고 믿으며,

말하지 않아도 상처는 없을 거라 생각하며

우리는 침묵을 선택했다.

하지만 말은 마음의 열쇠다.

닫힌 마음을 열고, 굳은 눈빛을 풀어 주며,

서로를 다시 바라보게 만드는 힘이다.

나는 오래전,

"괜찮아?"라는 한마디에 울었던 기억이 있다.
그날 나를 향한 그 말은
천둥보다 컸고,
비보다 따뜻했다.
또 어떤 날은,
누군가의 "미안해."가
내 마음의 오래된 가시를 빼내 주기도 했다.
그토록 사소한 말이
어쩌다 이토록 어려워진 걸까?
혹시 우리는
사랑을 숨기는 데 익숙해진 건 아닐까?
"사랑해."라는 말보다
"밥 먹었어?"라는 말이 더 익숙한 세상 속에서
우리는 어색한 다정함을
자꾸만 삼켜 버린다.
하지만, 마음은 말로 피어난다.
표현되지 않는 사랑은
종종 오해가 되고,
오해는 거리감을 만들고,
그 거리는 곧, 이별이 된다.
오늘,
당신은 어떤 말을 하지 못했는가?

혹시 그 말 하나로
누군가의 하루가 바뀔 수도 있다는 걸
잊고 있지는 않았는가?
지금이라도 늦지 않았다.
따뜻한 한마디를 건네자.
"고마워."
"미안해."
"잘 지내지?"
"그때, 참 고마웠어."
그 말은 당신을 더 부드럽게 만들고,
누군가에게 작은 빛이 되어 줄 것이다.
그리고 언젠가,
그 말들이 모여
당신도, 나도
다시 사랑할 수 있는 사람이 될 것이다.

**한 줄 묵상**
"입에서 나온 칼날보다" 가슴에 남은 침묵이 더 오래 아프다.

**4장**

## 마음이 부서진 날, 달빛은 내 편이었다

그날 밤, 나는 무너졌다.
말 한마디에, 혹은 말조차 없던 어떤 침묵에,
나는 무너지듯 주저앉아 버렸다.
아무도 보는 이 없는 방 안에서
나는 울지도 웃지도 못한 채,
그저 가만히 있었다.
세상이 등을 돌릴 때,
나는 어디로 가야 하는가?
도망칠 곳도 없고,
기댈 사람도 없고,
눈을 감는 것조차 고통이 될 때,
나는 조용히 창밖을 바라보았다.
그리고 그때,
달이 나를 보고 있었다.

말도 없고,

손도 없고,

아무것도 주지 않았지만

이상하게도 그 빛은 따뜻했다.

어쩌면 달빛은

세상에 밀려난 이들을 위한

하늘의 위로인지도 모른다.

모든 것이 조용한 그 밤에

달빛은 내 마음 위로 내려앉았고,

나는 마침내 울 수 있었다.

그날 달빛은 내 편이었다.

누구도 내 이야기를 들어 주지 않을 때,

그 조용한 빛이

말없이 나의 곁에 있어 주었다.

그건 아무것도 하지 않으면서도

모든 것을 해 준 위로였다.

나는 깨달았다.

위로는 말로 하는 것이 아니라

존재로 주는 것임을.

누군가 옆에 있어 준다는 것,

함께 울어 주지는 못해도

떠나지 않고,

가만히 있어 주는 것.
그건 어떤 말보다도 큰 사랑이다.
그리고 그날 이후로
나는 누군가의 달빛이 되고 싶었다.
반짝이지 않아도,
가까이 있지 않아도,
그저 어두운 밤에
조용히 곁에 있어 주는 그런 사람.
마음이 부서진 어느 날,
누군가에게 그런 사람이
나이기를 바랐다.


**한 줄 묵상**
"가장 깊은 공감은" 말하지 않고도 마음에 닿는 것이다.

## 5장

# 바람이 알려 준 용서

용서는 바람을 닮았다.
보이지 않지만,
어느 순간 마음 깊은 곳을 스쳐 지나간다.
나는 오랫동안 누군가를 용서하지 못했다.
그 사람의 말, 표정,
심지어 그 사람의 침묵까지도
내 가슴 안에 날카로운 조각으로 남아
계속해서 나를 찔러 댔다.
나는 그 사람을 미워하면서,
사실은 그 사람 안에서 길을 잃은
옛날의 나를 미워하고 있었는지도 모른다.
어느 봄날,
강가에 앉아 있었던 기억이 있다.
마음은 여전히 무겁고,

눈빛은 짙은 구름 같던 그날,
문득 바람이 불었다.
그 바람이 내 머리칼을 스치고,
뺨을 지나,
나도 모르게 눈을 감게 만들었다.
그 순간,
나는 생각했다.
"그래, 다 놓자.
미워했던 시간도,
상처 줬던 기억도,
그리고 그 사람도…."
용서는 결코 잊는 것이 아니었다.
용서는,
기억해도 아프지 않은 날을 향해
한 걸음 나아가는 것이었다.
그렇게 바람처럼,
나는 그 사람을 놓아 주었다.
아니, 어쩌면
그 바람이 나를 놓아 준 건지도 모른다.
누군가를 용서하는 일은,
결국 나 자신을 자유롭게 하는 일이었다.
나를 옭아매던 그 감정에서

나를 풀어내는 것,
그게 바로 진짜 용서였다.
그날 이후로 나는 안다.
바람은 늘 무심하게 지나가는 것 같지만,
언제나 가장 필요한 순간
우리의 마음에 닿는다는 걸.
그리고 나는
또 누군가의 마음에
그런 바람이 되고 싶다.
분노의 불길을 잠재우고,
상처 난 마음 위에
살며시 내려앉아
가볍게 안아 주는 그런 바람.
용서란 말하지 않아도,
먼저 다가가 손 내미는
가장 조용한 사랑의 언어라는 것을
이제야 배웠다.

### 한 줄 묵상

"진심은 늘 늦게 도착하지만" 한 번 도착하면 오래 머문다.

## 6장

## 아무도 없는 벤치에 앉아

사람이 많을수록,
내 마음은 더욱 조용해졌다.
웃음소리와 말소리로 가득한 거리 속에서도
나는 혼자였다.
그날,
나는 도시의 소음을 피해
작은 공원으로 향했다.
나무 그늘 아래 놓인 오래된 벤치 하나.
누군가 다녀간 흔적이 고요히 남아 있는 그 자리에
나는 조심스레 앉았다.
아무도 없었다.
그리고 그 순간,
나는 처음으로 '있다.'는 감각을 느꼈다.
무언가를 하지 않아도 괜찮은 자리.

말을 하지 않아도,
웃지 않아도,
그저 숨을 쉬는 것만으로도
충분한 공간.
그날 벤치 위에서 나는
처음으로 내 마음을 내려놓았다.
무거운 생각들도,
비워지지 않던 후회도,
그리고 무엇보다,
'잘 살아야 한다.'는 조급함도.
바람은 나뭇잎을 흔들고,
햇살은 발끝에 내려앉고,
그 모든 것이
나를 가만히 안아 주고 있었다.
삶은 달리기만이 전부가 아니었다.
잠시 멈추어
내 안의 목소리를 들어 주는 시간,
그 시간도 삶이었다.
나는 그 벤치 위에서
소중한 것을 배웠다.
바로,
조용한 순간이 나를 회복시킨다는 것.

우리는 너무 자주 달린다.

무언가를 성취해야만 의미가 있다고 믿으며

자꾸만 앞만 보며 나아간다.

그러나 때로는

멈춰 서서 앉아 있는 일,

그 자체가 깊은 용기다.

아무도 없는 벤치에 앉아

내 마음과 대화를 나누는 것.

그건

삶에 대한 가장 따뜻한 예의다.

이제 나는 알고 있다.

혼자라는 건

고독이 아니라

고요라는 이름의 선물이라는 것을.

그 벤치 위에 남은 따뜻한 햇살처럼

나도 누군가에게

잠시 앉아 쉬어 갈 수 있는

그런 사람이 되고 싶다.


**한 줄 묵상**

"당신을 설명하지 않기로 결심한 순간" 비로소 이해가 시작된다.

7장
—
## 기다림도 사랑이었다

사랑은 늘 말로 다 표현되지 않는다.
때론,
그저 기다리는 마음 안에서
조용히 피어난다.
나는 한때,
기다림이란
무기력하고 슬픈 감정이라고 생각했다.
무언가를 하지 못하고,
그저 멀리서 바라보는 것.
그건 사랑이 아니라
비겁함처럼 느껴졌었다.
하지만 지금은 안다.
기다림은
가장 조용한 형태의 사랑이었다.

사람은 모두 제때 오지 않는다.

누군가는 너무 일찍 오고,

누군가는 끝내 오지 않는다.

그래도 누군가를 믿으며 기다리는 마음,

그 마음은

이미 사랑이 되어 있었다.

나는 누구를 기다렸을까.

그리고

누가 나를 기다려 주었을까?

생각해 보면

가장 따뜻했던 순간은

누군가 내 자리를 지켜 주고 있었던

그 기다림의 시간들이었다.

기다린다는 건

당장 무언가를 바라는 것이 아니다.

그 사람이 자신의 속도로

자신의 방식대로

걸어올 수 있도록,

그 자리에 머물러 있는 일이다.

그건 참으로 어른스러운 사랑이다.

이기지 않고,

앞서지 않고,

강요하지 않는 사랑.

비 오는 날,

버스정류장에 우산 없이 서 있던 내게

우산을 건네주던 손이 있었다.

그 사람은

묻지도 않고,

묵묵히 내 옆에 서 있었고,

나는 그 우산 아래에서

세상의 어떤 말보다 따뜻한 기다림을 느꼈다.

사랑이란,

그렇게 말없이 곁에 서 있는 것일지도 모른다.

기다림은 끝나지 않아도 괜찮다.

그 시간 안에서

나는 더 단단해지고,

더 깊어지고,

무언가를 더 사랑할 줄 알게 되었기 때문이다.

이제는 나도

누군가의 기다림이 되어 주고 싶다.

말하지 않아도,

돌아서도,

끝내 오지 않아도

괜찮다고 말할 수 있는 마음으로.

그리하여 오늘도 나는

기다린다.

그리고 믿는다.

기다림도 사랑이었다는 것을.

**한 줄 묵상**
"누군가 옆에 있다는 사실만으로" 우리는 다시 살아갈 수 있다.

8장
―
## 그때 그 말을 하지 못했다

사람의 마음은 이상하다.
하고 싶은 말은 많은데,
정작 가장 중요한 말은
끝내 하지 못한 채 삼켜 버린다.
그날,
나는 그 말을 하려고 했다.
미안하다고,
고맙다고,
사랑한다고.
하지만 그 순간,
입술은 굳었고
심장은 너무 조용해졌다.
나는 결국 아무 말도 하지 못했다.
시간은 흘렀고,

그 사람은 내 앞에서 멀어졌다.
어떤 인연은
한마디만 더 있었더라면
끝나지 않았을지도 모른다.
하지만 그 한마디를
나는 끝내 말하지 못했다.
말을 아꼈던 게 아니라,
두려웠던 것이다.
거절당할까 봐,
상처 줄까 봐,
혹은 내가 너무 늦었을까 봐.
그렇게 나는
말하지 않은 말로
사랑을 잃었다.
가장 마음에 남는 말은
결국, 하지 못한 말이었다.
지금도 문득 떠오를 때가 있다.
밤하늘을 바라보다가,
익숙한 노래를 듣다가,
조용히 버스를 타고 가다가.
'그때 그 말을 했더라면
지금쯤 우리는….'

하지만 이제는 안다.
말이라는 것은
기회가 아니라
선물이라는 걸.
그 순간을 놓치면
다시는 꺼낼 수 없는 마음이 있다는 걸.
그 말을 끝내 전하지 못했던 날들 덕분에,
나는 지금 더 자주 말하려고 노력한다.
"고맙습니다."
"보고 싶었어요."
"잘 지내요."
"사랑해요."
사소하지만,
절대 가벼워질 수 없는 말들.
그 말들이 세상을 바꾸지는 못해도
누군가의 하루를
따뜻하게 감쌀 수는 있을 테니까.
그리고 오늘,
이 글을 읽는 당신이
전하지 못한 말이 있다면
부디 늦기 전에
한 번만 더 용기를 내주길 바란다.

왜냐하면,
말은 살아 있는 마음이고
마음은,
전할 때 가장 빛나니까.

**한 줄 묵상**
"경청은 듣는 기술이 아니라" 있는 그대로 받아들이는 인격이다.

## 9장

# 그늘이 있어야 꽃도 핀다

사람들은 밝은 것만을 좋아한다.
햇살, 웃음, 성공, 칭찬, 환한 얼굴.
모두가 빛을 좇는다.
하지만
꽃은 그늘에서도 자란다.
아니, 어쩌면
그늘이 있어야만 더 강하게 뿌리를 내린다.
나는 그늘 속에서 자랐다.
말보다 한숨이 많았고,
웃음보다 눈물이 많았으며,
축복보다는 버팀의 날들이 많았다.
그 시절의 나는
왜 나만 이렇게 어두운 곳에 놓여 있는 걸까?

스스로를 탓하며

세상을 원망했다.

하지만 시간이 지나고 나서야 알았다.

그늘은 결코 '벌'이 아니었다.

그건 '단련의 자리'였다.

쉽게 꺾이지 않는 마음을 만들어 주는,

내면의 뿌리를 길게 뻗게 만드는 은밀한 공간이었다.

햇빛 아래서는 결코 배울 수 없는 것들을

나는 그늘에서 배웠다.

가만히 참는 법,

침묵을 견디는 법,

자신을 돌아보는 법.

그리고,

누군가의 아픔에 조용히 귀 기울이는 법.

꽃은 해가 드는 곳만 바라보지 않는다.

그늘에서도,

누군가의 조용한 응원만으로도

피어난다.

눈에 띄지 않게,

환호받지 않아도,

그저 피는 것 자체로

충분히 아름답다.

그리고

그늘 속에서 피어난 꽃은

햇빛을 더 깊이 받아들이게 된다.

당신에게도 그늘의 시간이 있었는가?

혹은 지금,

그늘 한복판에 서 있는가?

그렇다면 걱정하지 말자.

지금 당신의 뿌리는

보이지 않는 곳에서

가장 깊고 단단하게 자라고 있는 중이다.

나는 더 이상 그늘을 두려워하지 않는다.

오히려 그곳에 머무는 시간 속에서

나는 나답게,

고요히 피어오를 수 있었다.

그늘이 없었다면

나는 꽃이 되지 못했을지도 모른다.

그늘이 있었기에,

나는 빛을 향해 자랄 수 있었다.

그리고 지금,

나는 또 누군가의 그늘이 되어 주고 싶다.

더디지만,

결국 피어날 당신을 위해.

**한 줄 묵상**

"말을 줄이면" 마음이 더 잘 들린다.

## 10장

# 아버지의 손은 여전히 따뜻했다

어릴 적,
나는 아버지를 어려워했다.
말수가 적고,
감정을 드러내지 않던 그 모습은
어쩐지 나를 한 걸음 물러서게 만들었다.
그분은 늘 무거운 표정으로 돌아왔고,
나는 그 어깨 위의 고단함을
어린 마음으로는 이해하지 못했다.
그래서일까,
아버지의 손은
나에게 '따뜻함'보다는
'엄격함'의 상징이었다.
시간이 흘러
나도 어느새 어른이 되었다.

하루가 피곤했고,
어깨는 늘 무거웠으며,
가끔은 모든 것을 내려놓고 싶었다.
그때마다
문득 떠오른 것이 있었다.
그 무거운 하루를 버텨내고 돌아오던
아버지의 손.
그 손이
어떤 침묵을 감추고 있었는지
이제야 알 것 같았다.
어느 겨울,
오랜만에 아버지와 마주 앉았다.
말은 없었지만,
나는 조심스럽게 그의 손을 잡았다.
굵은 마디,
거친 살결,
그리고 아직도 남아 있는
묵묵한 온기.
그 손은 여전히 따뜻했다.
어릴 적에는 몰랐던
그 따스함이
이제는 내게 눈물처럼 다가왔다.

아버지는
사랑을 말로 하지 않았다.
그러나 그는
고장 난 가전제품을 말없이 고쳐 주었고,
추운 날이면 내 방 창문을 닫아 두었으며,
내가 아플 때는
밤새 조용히 문 앞을 서성이셨다.
그 모든 행동이,
사랑이었다.
말없는 사랑.
그러나 가장 오래 가슴에 남는 사랑.
나는 이제 안다.
아버지의 손은
나를 꾸짖기 위한 손이 아니라,
세상의 거친 바람을 대신 막아내기 위한
방패였다는 것을.
그리고,
그 손의 온도는
지금도 내 안에 살아 있다.
이제 나도 누군가의 어른이 되었다.
혹시 내 손도
그렇게 기억될 수 있을까.

말은 서툴러도,
그 손끝에 마음을 담을 수 있을까?
나는 아버지에게 배웠다.
사랑은,
때로 침묵 속에서
가장 깊고 오래 전해진다는 것을.

**한 줄 묵상**
"침묵 속에서 사랑은 말보다" 더 또렷이 피어난다

## 11장

# 불완전한 나를 사랑해준 너에게

나는 완전하지 않았다.
지금도 그렇고, 앞으로도 그럴 것이다.
화를 참지 못할 때도 있었고,
상처 준 말들을 후회하면서도
끝내 사과하지 못한 날도 많았다.
때로는 고집을 부리고,
때로는 도망치고,
누구보다 외로우면서도
도움을 구하지 못하는 사람이었다.
그런 나를,
너는 오래 지켜봐 주었다.
처음엔 믿기지 않았다.
이렇게 모난 내 모습까지
누군가 받아들일 수 있다는 것이.

나는 사랑받기에는

너무 어두운 사람이라 생각했었다.

그런데 너는

그 어둠 속으로 들어와 주었다.

내가 감춘 마음의 모서리를

하나하나 쓰다듬어 주었다.

말하지 않아도 이해해 주었고,

상처 주고도 도망치지 않았다.

사람들은 흔히

좋은 사람을 만나야 한다고 말한다.

하지만 나는 알게 되었다.

사랑이란

좋은 사람을 만나는 일이 아니라,

누군가를 '좋게' 만들어 주는 일이라는 것을.

너는 그렇게

나를 조금씩 부드럽게 만들었다.

너와 함께하면서

나는 웃는 법을 배웠고,

나를 미워하지 않는 법을 배웠으며,

무엇보다

사랑이란 '머무는 용기'라는 것을 알게 되었다.

나는 완전하지 않았다.

그러나 너는,
그 불완전함 안에서
사랑할 이유를 찾았다.
그건 너의 따뜻함이었고,
너의 깊음이었다.
그런 너에게
나는 아직도 많이 서툴지만,
이 말만은 꼭 전하고 싶다.
고맙다.
그때 떠나지 않고,
나를 있는 그대로 사랑해 줘서.
우리 모두
완벽하지 않기에
함께할 수 있는 것 아닐까?
결국 사랑은
무엇을 주는가 보다
누군가의 부족함을
어디까지 안아 줄 수 있는가에 달려 있으니까.

**한 줄 묵상**
말을 멈춘 그 순간, 우리는 마음으로 서로를 알아보았다.

## 12장

## 다시, 봄이 왔다

겨울은 길었다.
몸보다 마음이 더 얼어붙은 계절이었다.
어디를 바라보아도 희망은 보이지 않았고,
가끔은 아침이 오는 것이
두렵기도 했다.
나는 그 겨울 속에서
여러 번 무너졌고,
스스로에게 실망했으며,
누군가의 말에 상처를 입고
또 다른 누군가를 상처내기도 했다.
삶은 꼭 겨울 같았다.
모든 게 멈춰 버린 듯 고요하고,
그 고요 속엔 언제나
쓸쓸한 바람이 불었다.

하지만, 봄은
항상 느린 발걸음으로 찾아왔다.
한순간에 세상을 바꾸지 않았고,
소리 없이 문을 두드리며
내 안의 얼음을 천천히 녹여 주었다.
어느 날,
창밖 나무 끝에 피어난 작은 꽃망울 하나가
나에게 말했다.
"너의 계절도 곧 바뀔 거야."
그 말이 사실이 되기까지는
조금 더 시간이 필요했지만,
나는 그 말을 믿기로 했다.
상처가 완전히 아물지 않았지만
그 위에 꽃은 피었다.
과거는 지워지지 않았지만
그 안에 빛이 머물렀다.
나는 여전히 서툴렀고,
삶은 여전히 불안정했지만
그럼에도 불구하고
다시, 봄이 왔다.
삶이 나를 포기할 것 같던 그 시절에도
나는 나를 놓지 않았다.

그리고 그 버팀이
이 봄을 가능케 했다.
그러니 당신도
혹시 긴 겨울 한복판에 서 있다면
기억해 주었으면 좋겠다.
봄은 반드시 온다는 것을.
우리가 기다리지 않아도,
우리가 포기했어도,
봄은 늘 약속처럼 우리 곁에 온다는 것을.
그리고 언젠가,
당신의 마음에 피어나는 봄이
또 다른 누군가의 겨울을
따뜻하게 녹여 줄지도 모른다.
삶은 그렇게 이어진다.
희망에서 희망으로,
봄에서 봄으로.

**한 줄 묵상**
사람은 말이 아니라 마음으로 남는다.

## 13장

# 외로움에게 편지를 쓴 밤

외로움아,
나는 네가 싫었다.
내 그림자처럼 붙어 다니고,
사람들 틈에서도 나를 고립시키는 너를
진심으로 밀어내고 싶었다.
혼자 있는 것이 편하다고 말했지만,
사실은
혼자라는 사실이 나를 점점
희미하게 만들고 있다는 걸
알고 있었다.
웃는 얼굴 뒤에 숨은 쓸쓸함,
떠들썩한 자리에서도 문득 찾아오는 공허함.
그건 너의 발소리였다, 외로움아.
어느 날,

모든 약속이 취소되고
휴대폰 알림이 멈춘 채로
하루가 저물어갔다.
창밖의 불빛은 멀게만 느껴졌고,
방 안의 시계 소리조차 낯설었다.
그때,
나는 비로소 너와 마주 앉았다.
외로움아, 너는 내게 말없이 앉아 있었지.
책상 맞은편,
불 꺼진 방 안에.
그 밤,
나는 너에게 편지를 쓰기 시작했다.
"네가 있어야
비로소 내가 나를 들여다보게 되더라."
"네가 있어야
진짜 내 마음이 어떤지 알게 되더라."
나는 인정했다.
외로움은 단지 고통이 아니라
내면을 마주하는 유일한 시간이었다.
사람들이 떠난 자리,
소음이 사라진 공간,
그 모든 정적 안에서

나는 내 진심을 마주했다.

외로움은

나를 더 단단하게 만들었다.

누군가의 존재를 귀하게 여기게 했고,

말없는 마음의 언어를 배워 주었으며,

타인의 쓸쓸함에 더 민감해지게 만들었다.

그래서 지금은

네가 온다고 해도

도망치지 않으려 한다.

때로는 너와 함께

조용히 앉아 있기로 했다.

왜냐하면 이제는 안다.

외로움은 결핍이 아니라,

존재의 깊이를 만드는 시간이란 걸.

외로움아,

이제는 고맙다고 말할 수 있을 것 같다.

네가 있었기에

나는 나를 알아갈 수 있었고,

비로소 진짜 사랑을 할 수 있게 되었으니까.

그리고,

다른 누군가의 외로움도

그저 지나가는 밤의 한 장면일 뿐이라는 걸

말해줄 수 있을 만큼,
내가 성장했으니까.

**한 줄 묵상**

아무도 몰랐던 말 한 줄이, 오늘을 견디게 했다.

## 14장

# 빛은 상처 난 틈으로 들어온다

나는 오랫동안
상처를 감추며 살았다.
그건 나의 약점이고,
누군가에게 들키면 안 되는
부끄러움이라고 생각했다.
그래서 일부러 더 밝게 웃었고,
모난 말을 삼켰으며,
눈물이 고여도 애써 괜찮은 척했다.
하지만 어느 순간,
나는 점점 말라갔다.
숨기느라 지치고,
가리고 나서 더 외로워졌다.
상처는 지우는 것이 아니라
돌아보아야 할 기억이라는 걸

나는 너무 늦게야 알았다.
어느 날,
햇살이 벽에 부서지듯
내 마음에 스며드는 것을 느꼈다.
이상했다.
왜 하필 그날,
나는 가장 약했던 자리에
빛이 닿는 걸 느꼈을까?
그건 깨달음이었다.
빛은,
완전한 곳이 아니라
틈 난 곳으로 들어온다는 것을.
상처는 흉이 아니라
통로였다.
고통이 아니라,
빛이 스며드는 창이었다.
그 사실을 알고 나서야
나는 나 자신을 용서할 수 있었다.
비틀렸던 날들,
무너졌던 마음,
어설펐던 사랑까지도
다시 안아 줄 수 있었다.

그리고 그 순간,
나는 처음으로 조금
가벼워졌다.
상처가 없었더라면
나는 지금의 나를
이해하지 못했을 것이다.
그 상처들 덕분에
나는 더 부드러워졌고,
더 낮아졌고,
더 깊어졌다.
이제 나는 감히 말할 수 있다.
"내가 가장 아팠던 자리,
그곳에 지금
가장 따뜻한 빛이 머물고 있습니다."
당신에게도
그런 상처가 있다면
부디 너무 오래 숨기지 말았으면 좋겠다.
그 상처 위로
빛이 머물기를.
그 틈 사이로
새로운 생명이 스며들기를.
그러니 오늘,

당신의 눈물이 흘러도 괜찮다.

그건

빛이 들어오는 순간이니까.

**한 줄 묵상**

다정한 말보다, 말없는 손길이 더 오래 기억된다.

15장

## 나를 버린 날, 나는 나를 안았다

그날, 나는 나를 버렸다.
거울 속 나를 보며
속으로 이렇게 말했다.
"넌 정말 형편없어."
"왜 이렇게 밖에 못 살아."
"누구도 너를 좋아하지 않아."
그 말은
누군가가 내게 한 말이 아니었다.
바로 내가,
나 자신에게 던진 말들이었다.
사람들이 등을 돌리기도 전에
나는 먼저
나를 버리고 있었다.
그날의 나는

감정을 숨기지 않았다.
아니, 숨기지 못했다.
자존심도 무너지고,
가면도 벗겨졌다.
나는 처참하게 무너졌고,
내 안의 모든 소리가
하나같이 나를 비난하고 있었다.
그럴 때일수록
누군가의 손길 하나가 필요했지만,
그 누구도 없었다.
그리하여,
나는 스스로를 안았다.
팔로 어깨를 감싸안고,
숨을 크게 쉬었다.
마치 어릴 적 울던 아이를
조용히 달래듯
나는 처음으로
나 자신에게 속삭였다.
"그만 울어도 돼."
"그럴 수도 있지."
"이렇게라도 살아 줘서 고마워."
그건 평생 들어 보지 못한 말이었다.

그리고 너무 늦게야 깨달은
자기 연민이 아니라
자기 사랑의 시작이었다.
세상은 늘
누가 강하고 누가 잘났는지를 따지지만,
나는 이제 안다.
진짜 용기는
넘어지지 않는 데 있는 게 아니라,
넘어진 날
자기 자신을 일으켜 주는 데 있다는 걸.
그리고 그건
내가 나를 안아 주는 순간에
비로소 가능해진다는 걸.
그날 이후,
나는 달라졌다.
여전히 실수도 하고,
여전히 외로움에 젖지만,
예전처럼
나를 미워하진 않는다.
나는 내가 얼마나
버티며 살아왔는지 알기에,
지금의 나를

이해하고 품어 줄 수 있다.
혹시,
지금의 당신도
자신을 외면하고 있지는 않은가.
만약 그렇다면
오늘만큼은
스스로를 안아 주자.
괜찮다고,
충분히 잘하고 있다고.
왜냐하면
우리는 그렇게,
조금씩 회복되어가는 존재들이니까.

**한 줄 묵상**
나는 말하는 법보다, 듣는 법을 배우고 싶다.

## 16장

## 부서지는 파도 앞에서 배우는 평화

바닷가에 섰다.
하루가 무겁게 지고,
마음엔 말로 다할 수 없는 감정이 가득 차 있던 날이었다.
그날 나는,
묵묵히 밀려오는 파도를 바라보았다.
부서지는 파도.
다시 모이려 하지 않고,
매번 허물어지며,
다시 또 밀려오는 그것.
그 반복 속에서
나는 묘한 고요를 느꼈다.
삶은 마치 파도와 같았다.
애써 이룬 것들이

어느 날 무너졌고,

쌓아 올린 관계가

하룻밤 새에 사라지기도 했다.

그럴 때면

나는 안간힘을 쓰며

다시 모으려 했다.

"이건 내 것이야."

"이 사람만은 놓치면 안 돼."

"내가 이렇게까지 했는데."

하지만 파도는

언제나 부서짐을 두려워하지 않았다.

오히려 그것을

당연하게 받아들이고 있었다.

나는 그 앞에서

처음으로 생각했다.

'왜 나는 그토록 많은 것을

붙들고 있었던 걸까?'

'모든 것을 지키는 게

진짜 평화일까?'

파도는

쥐는 것이 아니라,

놓는 것을 가르쳤다.
포기하는 것이 아니라
흘러보내는 연습이었다.
평화는
침묵이 아니라,
수용이었다.
모든 것을 통제하려는 욕망을 내려놓고,
불완전한 하루를 있는 그대로 받아들이는 일.
그것이
진짜 고요였다.
부서지는 파도 앞에서야
나는 비로소
나를 향한 평화를 배울 수 있었다.
이제는
무너지는 순간에도
이젠 이렇게 말할 수 있다.
"괜찮아.
다시 밀려오면 되니까."
삶이란,
언제나 흘러가는 것이고,
흘러가는 속에서도

나는 여전히 '나'일 수 있으니까.

**한 줄 묵상**
"하루의 끝에서" 말하지 못한 후회들이 조용히 속삭인다.

## 17장

# 시간이 데려간 사람들

시간은 많은 것을 가져간다.
함께 웃던 얼굴,
익숙했던 목소리,
자주 걷던 골목길의 온도까지.
처음엔 잊지 않을 거라고 믿었다.
늘 곁에 있을 거라 생각했다.
하지만 어느 날,
그 사람은 내 곁에서 사라졌고,
나는 말없이
그 빈자리에 익숙해져야 했다.
이별은 언제나 갑작스럽다.
예고 없이,
아무 인사도 없이
조용히 찾아와

모든 것을 바꿔놓는다.
그 사람이 없다는 사실보다
그 사람이 있어준 시간이
더 눈물 나게 그리웠다.
말하지 못했던 고마움,
끝내 전하지 못한 사과,
조금만 더 웃어 줄걸 하는 후회.
시간은 모든 걸 데려갔지만,
마음속 그 사람의 자리는
그대로 남아 있었다.
가끔은
지나가는 사람들 속에서
그 사람의 뒷모습을 찾기도 했다.
길가의 낙엽이 바람에 흩날릴 때면
함께 걷던 발소리가 들리는 것 같았고,
노란 조명을 켜둔 카페를 보면
그 안에서 기다리고 있을 것만 같았다.
기억은 이토록 잔인하다.
지워지지 않으면서도,
돌아오지도 않는다.
그래도 나는 안다.
그 시간이

헛되지 않았다는 것을.
그 사람이 내게 남긴 말,
표정,
그 웃음 하나까지도
지금의 나를 만든 빛이었다는 걸.
그리움은
때때로 무겁지만,
결코 사라지지 않았기에
우리는 사람을,
그리고 시간을 사랑하는 법을 배운다.
시간이 데려간 사람들아,
그대들이 남긴 흔적 위에
나는 오늘도 살아간다.
그 빈자리가 너무 커서
눈물이 날 때도 있지만,
그만큼 내가 사랑했다는 증거이기에
그 아픔조차도 소중히 품는다.

**한 줄 묵상**
잘 지낸다는 인사가, 사실은 가장 외로운 말이었다

## 18장

## 사라지지 않는 이름 하나

사람들은 말한다.
시간이 지나면
모든 것은 흐려진다고.
하지만 나는 안다.
시간이 아무리 흘러도
잊히지 않는 이름이 있다는 것을.
어느 순간에도 불쑥 떠오르고,
아무 연관 없는 풍경 속에서도
그 사람의 이름이
마치 속삭임처럼 들리는 날들이 있다.
그 이름 하나가
눈물처럼 가슴을 적시고,
때로는 나를 조용히 무너뜨린다.
그 이름은

내게 상처이자 위로였고,
과거이자 여전히 현재였다.
그 사람과 함께한 시간은
짧았을지도 모르지만,
그 깊이는 누구보다도 진했다.
그 사람은 떠났지만,
이름은 남았다.
그 이름은
편지의 끝에서,
기도의 첫머리에서,
그리고 한밤중 침묵 속에서
자꾸만 내 안을 울렸다.
나는 그 이름을
지우려 애쓴 적도 있었다.
낡은 사진을 찢고,
기억나는 장소를 피하고,
관련된 물건을 버리며
사라진 척하며 살기도 했다.
하지만 그럴수록
이름은 더욱 선명해졌다.
지우려 할수록
더 깊어졌다.

그건 지워야 할 상처가 아니라,

살아온 증거이자

사랑한 흔적이었기 때문이다.

사라지지 않는 이름.

그건 내가 한때

진심으로 살아 있었음을 말해 주는 증표였다.

그 이름이 있어

나는 더 많이 울었고,

더 많이 배웠고,

더 많이 사랑했다.

그리고,

그 이름 덕분에

이제는 더 조용한 마음으로

누군가를 바라볼 수 있게 되었다.

혹시 당신에게도

지워지지 않는 이름이 있다면

굳이 억지로 지우지 않아도 괜찮다.

그 이름은 당신 안에서

이미 하나의 풍경이 되었을 테니.

바람이 불 때마다

그 사람의 목소리가 들릴지라도,

그건 아픔이 아니라
살아남은 사랑의 잔향일 것이다.

**한 줄 묵상**
"말하지 않는 다정함이" 오히려 가장 깊이 스며든다.

## 19장

# 희망은 무너진 자리에서 시작된다

모든 것이 무너졌다고 느꼈던 날이 있었다.
사람도 떠났고,
신념도 흔들렸으며,
꿈이라고 불리던 것들조차
내 손에서 조용히 흩어졌다.
그때의 나는
텅 빈 방 안,
어둠이 내려앉은 바닥에 앉아 있었다.
무엇을 해야 할지,
어디로 가야 할지 몰랐다.
심지어 숨 쉬는 것조차 버겁게 느껴졌던 날.
나는 바닥에 있었다.
인생이라는 계단에서
가장 아래, 가장 깊은 바닥에.

그리고 그곳에서
나는 처음으로
희망이라는 단어를 떠올렸다.
희망은
무언가를 잘 이뤄내는 사람에게만
주어지는 특별한 선물이 아니라,
아무것도 남지 않은 자리에
조용히 피어나는
보이지 않는 생명 같았다.
나는 그때 알았다.
희망은
'더 나아질 거야.'라는 확신이 아니라,
'이대로 끝나지 않을 거야.'라는
조용한 결심이라는 것을.
무너졌던 자리 위에
작은 싹이 자랐다.
거창하지 않았고,
누구도 눈치채지 못할 만큼 작았지만,
그 싹 하나가
내 마음 전체를 덮기 시작했다.
나는 다시 걷기 시작했고,
다시 글을 쓰기 시작했고,

다시 사람을 믿어 보기로 했다.

그리고 무엇보다,

다시 나 자신을 사랑하기로 했다.

희망은

무언가를 '얻는' 일이 아니다.

그건

잃은 것들의 잔해 속에서

'남은 것'을 발견하는 일이다.

눈물이 흐른 자리,

실패로 얼룩진 과거,

배신과 외로움의 언덕 위에도

희망은 자란다.

마치 바람처럼,

햇살처럼.

혹시 지금

모든 것이 무너졌다고 느끼는 당신이 있다면

말해 주고 싶다.

"그 자리가 시작점입니다."

"무너졌기 때문에,

이제야 진짜 피어날 수 있는 겁니다."

희망은 언제나

무너진 자리에서 시작된다.

그건 폐허가 아니라,

기적이 준비되는 땅이니까.

**한 줄 묵상**

"사랑한다는 말보다" 끝까지 들어 주는 사람이 고마웠다.

**20장**

## 이제야 사랑할 수 있게 된 나

나는 오랫동안 나를 미워했다.
무언가를 이루지 못한 날,
사람들과 어긋났던 순간,
외로움에 흔들리며 주저앉았던 밤들.
그럴 때마다 나는 스스로에게
가장 날카로운 칼날을 들이댔다.
"왜 이 모양이야."
"그때 그 말을 왜 했어."
"넌 늘 부족해."
그런 말들을 들으며
나는 스스로를 부서지게 만들었고,
그 조각들을 안은 채
누구도 몰래 아파했다.
하지만 이제,

나는 그 모든 부끄러움을
조용히 안아 줄 수 있게 되었다.
완벽하지 않아도,
모든 것을 잘해내지 못해도,
나는 지금 이 모습 그대로
존재할 이유가 있다는 걸 알게 되었기 때문이다.
사랑은
누군가가 내게 주는 선물이 아니라,
내가 나 자신에게 허락하는 숨 같은 것이었다.
거울 속의 나를 바라보며
이제는 말할 수 있다.
"수고했어."
"충분히 잘 살아왔어."
"그리고, 사랑해."
그 말이 처음에는 어색했지만,
자꾸 말하다 보니
그게 가장 진실한 고백이라는 걸 깨달았다.
이제 나는
누군가의 사랑을 갈망하지 않는다.
왜냐하면
내 안에 이미
받아들여지고 싶은 존재가

사랑받기 위해 태어난 나라는 걸
알게 되었기 때문이다.
사랑은 멀리 있지 않았다.
어딘가의 누군가가 아니라,
오랫동안 외면했던 '내 안의 나'가
가장 먼저
사랑받아야 할 존재였다.
나는 이제
상처를 감추지 않는다.
실수를 부끄러워하지 않는다.
눈물 흘렸던 기억도 꺼내어
하나의 꽃처럼 바라본다.
이 모든 것들이
지금의 나를 만들었기에,
이제야
사랑할 수 있는 내가 되었다.
『그늘 속에 피는 빛』
이 이야기는
상처로 시작되었지만,
사랑으로 끝난다.
그리고 그 사랑은
무엇보다 먼저

자기 자신을 껴안을 수 있는 용기에서
시작된다.
그러니 지금,
이 글을 읽고 있는 당신도
자신에게 가장 따뜻한 말 한마디를
속으로 건네 보길 바란다.
"괜찮아."
"충분해."
"넌 사랑받아 마땅한 사람이야."

### 한 줄 묵상
조용히 머물렀던 그 사람이, 가장 오래 내 안에 남았다.

**21장**

---

# 사라진 인사를 기억하며

사람은 이별보다 "작별 인사 없음"에 더 아파한다.
한때 서로의 하루를 채우던 사이였지만
어느 순간, 어떤 말도 없이 스쳐간 인연.
"잘 지내."
"고마웠어."
그 한마디면 충분했는데,
그 말조차 없이 사라진 사람들을 나는 아직도 가끔 생각한다.

너무 바빠서였을까?
서운함이 컸던 걸까?
아니면 담담한 이별조차 용기가 나지 않았던 걸까?
그 이유는 묻지 않기로 했다.
하지만 나는 배웠다.
언제든,

끝맺음이 필요하다는 것을.
그리고 누군가와 헤어질 땐
한 줄의 인사라도 전하는 사람이 되자고.
그것이 언젠가
기억 속에서 미소로 남을 수 있도록.

**한 줄 묵상**
"조용히 머물렀던 사람이" 내 안에 가장 소중한 사람으로 남는다.

## 22장

# 익숙함이 주는 위로

우리는 늘 새로운 것을 찾지만,
정작 가장 큰 위로는
익숙한 것에서 온다.
오래된 커피잔,
익숙한 버스 노선,
늘 틀어두는 조용한 음악.
그리고,
아무 말없이 있어도 편안한 그 사람.
익숙함은 지루함이 아니라,
시간이 만든 따뜻한 온도다.
그 온도가
지친 하루를 감싸 안을 수 있다는 걸
나는 아주 오래 지나고 나서야 깨달았다.
다시 말해 본다.

"너의 익숙함이 오늘도 나를 살게 했다."

**한 줄 묵상**
"너무 많은 설명은" 마음을 지치게 한다.

**23장**

---

## 우리가 스쳐간 자리들

함께 걸었던 길이 있다.
그 골목, 그 거리,
그 시간의 공기까지도 여전히 생생한 그 자리들.
지금은 혼자지만,
그 길 위에서 웃던 우리를 떠올린다.
사람은 사라졌지만
그와 함께한 기억은
그 자리에 남아 있다는 걸 나는 믿는다.
그리고 언젠가
다른 이와 걷게 될 그 길 위에서
그 기억이 내게 미소 지어 줄지도 모른다.

**한 줄 묵상**
"마음을 알기 위해선" 말보다 눈빛을 먼저 읽어야 한다.

### 24장

## 가끔은 나에게 기대도 괜찮아

누군가의 기대는 들어 주면서
정작 나 자신에게는 기대지 못했다.
"이 정도쯤이야."
"내가 참으면 돼."
그렇게 버티고만 있었던 날들.
하지만 이제는 안다.
나는 나에게 가장 오래 머물 사람이고,
가장 깊이 품어야 할 존재라는 걸.
그래서 오늘은
조용히 속삭여본다.
"괜찮아.
오늘은 조금 흔들려도 돼."

내가 나에게 기대는 밤,

그 밤이 나를 다시 살아가게 한다.

**한 줄 묵상**
소란 속에 묻힌 진심은, 고요 속에서 다시 떠오른다.

## 25장

# 다 말하지 않아도 괜찮아

어떤 이야기는
끝까지 하지 않아도 전해진다.
눈빛 하나,
침묵 하나,
가끔은 멀어지는 뒷모습만으로도
모든 감정이 전달된다.
사람은 말보다 마음으로 더 많은 걸 나눈다.
그러니 가끔은
말이 모자라 서운해지기보다,
그 사람이 남긴 기척 안에서
그의 진심을 느껴 보자.
말보다 깊은 것이
세상엔 참 많다.

한 줄 묵상

서툰 말보다, 서툰 침묵이 더 진심일 수 있다.

**26장**

# 잘 지내니, 그 한마디가 전부였다

한때는 매일 안부를 묻던 사이였다.
잠들기 전 마지막 메시지도,
아침을 여는 첫 전화도
당신이었다.
그런데 지금은,
당신의 소식조차 들을 수 없다.
어쩌면 괜찮게 살고 있겠지.
아니면, 나처럼
그리움 속을 천천히 걷고 있을까?
어느 날, 꿈에 당신이 나왔다.
나는 묻지 못했던 말을
꿈속에서 겨우 꺼냈다.
"잘 지내니?"
그 말이 전부였고,

사실은 내가 듣고 싶었던 말이기도 했다.

그래,

잘 지내길.

어디에 있든, 누구 곁이든.

그저,

괜찮기를 바란다.


**한 줄 묵상**

말을 잊고 지낸 날들 속에, 내가 있었다.

**27장**

## 비 오는 날엔 꼭 생각나는 사람

비가 오면
생각나는 얼굴이 있다.
우산 하나를 나눠 썼던 기억,
작은 비닐봉지에 담긴 군고구마의 따뜻함,
말없이 걷던 골목의 빗소리.
그때는 몰랐다.
그 순간들이
이렇게 오래,
마음속을 적실 줄은.
비는 지나가고,
사람도 스쳐 가지만,
그 감정만은
고스란히 내 안에 남아 있다.

비 오는 날이면 나는
당신을 조금 더 선명하게 떠올린다.
그리고 조용히
그리움 한 모금,
빗소리에 섞어 마신다.

**한 줄 묵상**
말을 참는 것이 아니라, 진심을 기다리는 것이다.

28장

# 아무 말 없이 건넨 그 손길

어떤 위로는
말이 아니라
행동으로 온다.
말없이 내 어깨를 토닥이던 손,
차 한 잔을 슬며시 내밀던 순간,
아무 말도 묻지 않던 눈빛.

그런 손길 하나에
무너졌던 마음이
조금씩 수면 위로 떠오른다.
우리는 모두
살며시 다가온 누군가의 조용한 배려 덕분에
오늘을 버틴다.
그래서 나도

그런 사람이 되고 싶다.
말보다는
따뜻한 손 하나 내밀 수 있는 사람.

**한 줄 묵상**
한마디보다, 말없이 지켜본 그 시간이 더 고마웠다.

29장

# 언젠가, 이 모든 날이 그립겠지

힘들다고 생각했던 날들조차
어느 날은 그리워진다.

지쳐 무릎 꿇고 싶던 순간,
눈물로 베개를 적시던 밤,
말없이 하늘만 보던 오후.
그 모든 시간이
지나고 나면
내 삶의 색이 된다.
회색 같았던 날들도
지금 생각하면
묘한 빛깔을 품고 있었다.
시간은 모든 걸 데려가는 것 같지만,
실은 모든 것을 남긴다.

그래서 나는 믿는다.

지금 이 순간도

언젠가,

따뜻하게 떠올릴 수 있으리라.

**한 줄 묵상**

말하지 않아도 되는 사람, 그 사람이 가족이다.

**30장**

—

# 나무가 되기로 했다

나는 한때 꽃이 되고 싶었다.
눈에 띄고, 사랑받고, 환호받는 존재.
하지만 지금은 안다.
나는
나무가 되어야 한다는 것을.
계절을 통과하고,
바람을 견디고,
말없이 그늘을 내어 주는
그런 존재.
사람들이 알아주지 않아도
그 곁에 서 있는 것만으로
누군가에게 쉼이 될 수 있는 나무.
세상에 휘둘리지 않고,
묵묵히 자신의 뿌리를 내리는 나무.

이제 나는
꽃보다 나무가 되고 싶다.
언젠가 그 그늘 아래
누군가가 조용히 숨을 고를 수 있다면,
그걸로 나는 충분하니까.

**한 줄 묵상**
오해는 말로 풀지 못하고, 마음으로만 녹는다.

**31장**

## 조용한 눈물이 더 오래 남는다

울음은 언제나 소란스러워야 하는 줄 알았다.
하지만 살아 보니,
더 오래 가슴을 파고드는 건
소리 없는 눈물이었다.
남몰래 베개를 적신 밤,
입술을 깨물며 삼켰던 순간,
그건 감정의 절규가 아니라,
존재의 숨이었다.
사람은 말보다 눈물로 이야기할 때가 있다.
그리고 가장 깊은 사랑과 슬픔은
늘 조용한 얼굴에 스며 있다.
그러니 누군가의 침묵을 가볍게 여기지 말자.
그 안엔 아직,
흘러내리지 못한 눈물 한 줄기가

떨리고 있을 테니까.

**한 줄 묵상**
말없이 웃어 준 얼굴이, 가장 따뜻한 기억이 되었다.

**32장**

## 오래된 것들이 주는 울림

낡은 일기장,
한 구절 남겨진 책갈피,
종이 바스락거리는 편지 한 장.

그 오래된 것들 안엔
시간이 눌러 앉아 있었다.

지금은 사라진 그날의 공기,
누군가의 진심,
그리고 그 시절의 나.

세월은 많은 것을 빼앗아가지만
이렇게 어딘가에는
꼭 남겨놓고 간다.

잊었다고 생각한 감정들도
오래된 것들 앞에선
고개를 숙인다.
그건 기억이 아니라,
다시 살아나는 마음이다.

**한 줄 묵상**
"침묵을 사랑하게 된 건" 내가 많이 다쳐봤기 때문이다.

## 33장

# 이해 받지 못한 날의 기억

살다 보면
아무리 설명해도
이해받지 못하는 날이 있다.
그날의 나는
사실 미워서 그런 게 아니었다.
너무 힘들어서,
도무지 어떻게 해야 할지 몰라서
서툴렀을 뿐이었다.

하지만 사람들은
결과만을 본다.
그리고 나는 점점
말을 잃는다.
그렇게 나는 내 감정의 주석 없이

세상에 내던져진 문장이 되었다.
이제는 그런 날이 오면
나 스스로에게 말해 준다.
"괜찮아, 나는 알고 있어."
"그때의 너는 정말 최선을 다했어."
누군가의 이해를 기다리기보다
스스로를 안아 주는 연습.
그게 어른이 된다는 뜻인지도 모르겠다.

**한 줄 묵상**
"말보다 자리를 지킨 시간이" 진심을 증명했다.

## 34장

# 어느 날 문득 울컥하는 순간

평범한 하루였다.
별일도 없고,
별 감정도 없는 그런 날.
그런데
라디오에서 흐르던 음악 한 줄,
익숙한 뒷모습 하나,
바람결에 묻은 냄새 하나에
갑자기 마음이 덜컥, 울컥해졌다.
아,
나는 아직도
그날을 다 보내지 못했구나.
괜찮은 줄 알았는데,
사라진 줄 알았는데,
여전히 내 안에

그 감정이 숨 쉬고 있었구나.
하지만 괜찮다.
감정은 밀물처럼 오고 가는 것.
그렇게 울컥하는 순간조차
살아 있다는 증거니까.

**한 줄 묵상**
"기다린다는 말조차" 없이 기다려 준 사람을 나는 잊지 못한다.

## 35장

## 이제는 안녕이라는 말을 해도 괜찮다

많이 망설였다.
이 말을 꺼내기까지,
몇 번이나 입술을 다물었다.
"안녕."
그 단어엔
너무 많은 의미가 담겨 있었다.
붙잡고 싶던 마음,
이해받지 못한 상처,
끝내 고백하지 못한 감정까지.
하지만,
안녕이란 결국
나를 위한 인사였다.
더 이상 흔들리지 않기 위해,
더는 상처 주지 않기 위해,

나는 너에게, 그리고 나에게
이 말을 건넨다.
"안녕.
이제는 너를 그만 놓아 줄게.
그리고 나도
내 길을 걸어갈게."

**한 줄 묵상**
"말없이 떠난 사람의 뒷모습이
내 마음 한 자락을 더 깊게 안고 있었다."

**36장**

## 말하지 않아도 전해지는 것들

어떤 감정은
말로 다 할 수 없다.
그리고 어떤 마음은
말로 꺼내는 순간
그 깊이를 잃는다.
나는 말하지 못했던 시간들 속에서
누군가의 눈빛,
조용히 잡아 준 손,
침묵의 순간에서
더 큰 위로를 받았다.
그 말없는 다정함이
오히려 더 많은 걸 전해 줬다.
사람은 때때로
'말을 들었다.'는 것보다

'마음을 느꼈다.'는 기억으로 살아간다.
그래서 나는 이제
말보다 존재로 말하려 한다.
말하지 않아도,
느껴지는 사람이 되고 싶다.

**한 줄 묵상**
"말하지 않았지만,
마음은 조용히 건너갔다.
이해는 침묵 속에서 더 선명해졌다."

## 37장

# 사랑은 기억 위에 남는다

사랑은 사라지지 않는다.
다만, 다른 이름으로 살아갈 뿐이다.
한때는 매일을 함께하던 사람,
함께 밥을 먹고, 웃고,
아무렇지 않게 이별을 이야기하던 사람이
이제는
사진 속 얼굴로만 남아 있다.
그를 잊었다고 말했지만,
문득 거리에서 같은 향기를 맡았을 때
그때 그 마음이 다시 피어났다.
사랑은
기억 속으로 흩어진 후에도
완전히 지워지지 않는다.
오히려

조용히, 가장 깊은 곳에 머물며
우리가 다시 사랑할 수 있는 이유가 된다.
그가 내게 남긴 말,
그의 웃음소리,
그가 다녀간 계절은
내가 더 나은 사람이 되도록
조용히 등을 밀어 주었다.
우리는 때로 사랑을 잊으려 하지만,
어쩌면 그 사랑은
우리 안에서 더 조용히 자라고 있었는지도 모른다.

**한 줄 묵상**
"떠났다고 끝나는 사랑은 없다.
기억 속에서 살아 숨 쉬는 마음은,
여전히 지금도 나를 지켜보고 있다."

## 38장

## 조용한 퇴장이 더 많은 것을 말할 때

사람은 누구나
'떠나는 방식'으로 기억된다.
말없이 뒷모습을 남긴 사람,
오해도 변명도 없이
조용히 사라진 사람이
오히려 더 오랫동안 마음속에 남는다.
그는 왜 아무 말없이 떠났을까.
한때는 함께 웃고
세상을 다 안다고 생각했던 사람인데,
그날 그는
아무 인사도 없이 조용히 돌아섰다.
그 침묵의 뒷모습은
수천 마디의 말보다
더 많은 것을 전하고 있었다.

"이제 내 마음은,
설명할 수 없을 만큼 멀리 와 있어."
그는 말하지 않았지만
나는 이해했다.
그 또한 지쳤고,
그 또한 더는 기대할 수 없다는걸.

우리는 언제부터인가
말보다 침묵이 더 많은 걸 말할 수 있다는 걸 배운다.
떠남은 아픔이지만,
**조용한 퇴장은 배려이기도 하다.**
함부로 상처를 꺼내지 않고,
미움 하나 남기지 않고,
그저 시간의 등 뒤로 걸어가는 일.
그건 어쩌면
가장 성숙한 이별의 모습일지도 모른다.

## 39장

# 다정한 무관심

사람이 너무 가까이 다가오면
숨이 막히고,
너무 멀어지면
마음이 시리다.
그래서일까,
나는 '적당한 거리'를 유지해 주는 사람에게
이상한 다정함을 느낀다.
무슨 일이 있어도
쉽게 판단하지 않고,
힘든 일을 말해도
과하게 걱정하거나 간섭하지 않고,
그저 그 자리에
**조용히 존재해 주는 사람.**
그 사람은

아무 말없이 지나치기도 하고,
눈을 마주치면 미소 한 번으로
하루의 온도를 바꿔 준다.
그 다정한 무관심은,
사실은
**진심 어린 배려였다는 걸**
시간이 지나고 나서야 깨닫는다.

한때는 그 사람이
차갑다고 느껴졌지만,
지금은 안다.
그 사람의 침묵은
내 마음의 울타리를 지켜 주는 일이었다는 걸.
**무관심처럼 보였지만,**
그건 내가 나로 있을 수 있게 해 준
**가장 다정한 선택이었다.**
그런 사람이
곁에 있다는 것만으로도
삶은 조금 덜 흔들린다.

**한 줄 묵상**
"나를 바꾸려 하지 않고,

그냥 그대로 바라봐 주는 사람,
그 무관심 속 다정함이
내 마음을 오래 지켜 주었다."

## 40장

## 당신이 건넨 그 말 한 줄이

말이 사람을 살릴 수도 있고,
그 말을 꺼낸 사람은 기억하지 못해도
그 말을 들은 사람은
평생을 품고 살아간다.
어느 겨울이었다.
나는 조용히 무너져 있었고,
겉으론 웃었지만
속으론 거의 끝나가던 시절이었다.
그때,
누군가 나에게 말했다.
"요즘 네가 예전보다 훨씬 단단해 보여."
그 한 마디는
그저 지나가는 인사처럼 들렸지만,

그 말이 내 안에 조용히 내려앉아
하루를, 그리고 또 하루를
견디게 하는 이유가 되었다.
그는 몰랐을 것이다.
그 말 한 줄이
얼마나 절박했던 내 하루를
살짝 들어 올렸는지를.
우리는 가끔
위로하려는 마음 없이 건넨 말이
가장 큰 위로가 되기도 하고,
진심 없이 내뱉은 말이
누군가의 마음을 찌르기도 한다.
그래서 말은,
항상 조심해야 하며
때로는 조심하지 않아도
**진심이 스며들 수 있는 온기가 담겨야 한다.**
말은 공기처럼 가볍지만,
기억 속에서는
쇳덩이처럼 무겁게 남는다.
내가 건넨 말이
누군가의 밤을 지켜주고 있다면,

그건 내가 누군가의 마음에
잠시 머물렀다는 뜻이다.

**한 줄 묵상**
"당신이 무심히 건넨 그 말 한 줄이
나에게는 계절 하나를 견딘 이유였습니다."

## 41장

## 늦게 피어도 괜찮아

누군가는
스무 살에 꿈을 이루고,
서른에 집을 사고,
마흔에 인생의 정점을 찍는다.
그리고 또 누군가는
마흔이 넘어서야 사랑을 배우고,
쉰이 되어서야
자기 목소리를 찾는다.
삶에는 정해진 표준 시계가 없다.
꽃이 제각기 피듯,
사람도 각자의 계절에 깨어난다.
나는 오랫동안
남들의 속도에 나를 맞추려 애썼다.

"이 나이면 이 정도는 돼야 하지 않아?"
그 말이 목을 조였다.
하지만
내가 나를 받아들인 순간,
나는 피어나기 시작했다.
비록 늦게 피었지만
**그 꽃은 내 것이었다.**
누구의 흉내도, 누구의 그림자도 아닌
오롯이 나만의 향기였다.
남들보다 늦게 시작했기에
더 오래 갈 수 있었고,
늦게 알게 된 진심이라
더 단단히 품을 수 있었다.
누구보다 빠르게 피는 것보다
**나의 계절을 지키는 일이 더 중요하다.**
비가 많이 내린 해일수록
꽃은 더 깊이 뿌리를 내린다.
그러니,
지금 이 순간 움트지 않았더라도 괜찮다.
당신은 이미 자라고 있다.
조용히, 그러나 분명히.

한 줄 묵상

"남들보다 늦게 피었지만
누구보다 오래 향기를 품었다.
그래서 나는, 나의 속도를 사랑하게 되었다."

**42장**

# 울지 못한 밤이 더 아팠다

나는 많은 밤을 참으며 견뎠다.

울고 싶다는 말조차 꺼낼 수 없는 밤,

눈물이 아닌 '괜찮아요.'라는 말로 스스로를 덮던 밤.

사람들은 늘 말했다.

"울지 마."

"이겨내야지."

"강해져야 해."

그 말들이 틀렸던 건 아니다.

하지만

그 말들 때문에 더 울지 못했던 내가 있었다.

울 수 없는 밤은 더 아프다.

무너지고 싶을수록

더 바르게 서 있어야 했고,

상처받았을 수록

더 멀쩡한 척해야 했던 나.

울지 못했던 밤들은
언제부턴가 내 안에서 응어리가 되었다.
목에 걸린 말,
가슴 깊숙이 내려앉은 무게.
그것들이
삶을 조용히 짓눌렀다.
나는 이제 안다.
울 수 있는 사람만이
다시 웃을 수 있다.
눈물은 약함이 아니라
마음을 씻어내는 가장 조용한 용기였다.

그 밤들에,
차라리 눈물을 쏟았더라면
나는 더 단단하게 설 수 있었을지도 모른다.
그러니 이제는 참지 않으려 한다.
괜찮지 않을 때
울어도 되는 내가 되고 싶다.
말없이 흐르는 그 눈물이
내 안의 아픔을 씻어 주는 것임을 믿으니까.

한 줄 묵상

"참았던 눈물은 어디로 가냐고 묻던 그 밤,
나는 아무 말없이 울고 싶었다.
말보다 진한 위로는, 흐르는 것들 속에 있었다."

## 43장

# 나는 왜 나를 자꾸 잊었을까?

나는 오랫동안
'좋은 사람'으로 살아가려 했다.
모난 말은 삼키고,
하고 싶은 말도 미뤄 두고,
늘 상대방의 마음부터 살폈다.
그건 배려라 믿었지만,
돌아보면
그 안엔 '나'는 없었다.
**나는 나를 자꾸 잊고 있었다.**
누구의 기대에 맞추고,
누구의 기준에 나를 눌러 놓고,
내 감정보다 타인의 기분을 우선하며
하루하루를 지나왔다.

문득 거울을 보았을 때,
그 안의 내가 낯설었다.
내가 원했던 모습이 아니라,
남들이 원했던 모습을 따라 만든
무대 위의 나였다.
"그 사람은 참 착해."
그 말 한마디에
나는 내 안의 수많은 외침을 지웠다.
하지만 이제는 알고 있다.
**나를 잊는 친절은 오래가지 않는다.**
나를 아프게 하는 배려는
결국 나도, 남도 지치게 만든다는 걸.
이제 나는
나를 기억해 보려 한다.
내가 원하는 것,
내가 느끼는 감정,
내가 좋아하는 것들.
그 모든 작은 기억들을
조금씩 되살려가며
'좋은 사람'이기보다
**'내가 나인 사람'으로 살아가려 한다.**

한 줄 묵상

"남들이 좋아하는 내가 되느라
내가 좋아하는 나를 잊고 있었다.
이제는 나에게 돌아가는 길을 걷는다."

## 44장

# 이름 없는 순간들이 나를 살렸다

우리는 종종 묻는다.
"도대체 무엇이 나를 여기까지 오게 했을까."
대단한 사건도, 드라마 같은 전환도 없이
그저 하루하루를 견디며 살아온 나날들.
돌아보면,
정작 나를 살린 건
누구도 기억하지 못할 그 '이름 없는 순간'들이었다.
커피 한 잔을 놓고 조용히 안부를 물어 준 아침,
지나가듯 건넨 "힘내요."라는 말,
창밖을 바라보다 멍하니 웃게 된 순간,
버스 창가에 앉아, 조용히 흐르는 음악에 마음이 놓였던 저녁.
그 순간들은
누구에게도 설명되지 않았고,
기억 속에서도 쉽게 사라지지만,

그것들이 나를 살렸다.
다 포기하고 싶던 날에
그 작은 장면 하나가
내 마음을 잠시 붙들어 주었다.
삶은 거대한 변화로 움직이는 게 아니다.
사소하고 말없는 순간들이
우리 삶을 천천히 밀고 간다.

그래서 나는 이제
아무 일도 없었던 하루가
가장 귀한 하루라는 걸 안다.
누가 기억하지 않더라도,
그 순간들이
내 안에 고요히 머물고 있었기에
오늘의 내가 여기에 있다.

**한 줄 묵상**
"누구도 알지 못한 순간들이
나를 가장 깊이 안아 주었다.
이름 없는 시간 속에서, 나는 살아 있었다."

**45장**

---

## 다시 시작할 수 있는 이유

무너진 자리에서도
다시 피어나는 꽃이 있다.
모든 것이 끝난 줄 알았던 순간에도
**작게 숨 쉬던 마음 하나가**
**나를 다시 일으킨다.**
실패했기에 더 이상 안 될 것 같고,
상처받았기에 더는 사람을 믿지 못하겠고,
너무 멀리 돌아온 것 같아
이제는 길이 없다고 느껴질 때가 있다.
하지만 그런 날에도
내 안에는 아직
하루를 열 수 있는 숨이 남아 있었다.
삶은

무너졌다는 이유로 끝나는 것이 아니다.
어떤 결론에 닿지 않아도
다시 걸어보겠다는 마음 하나만 있으면,
그것이 곧 새로운 시작이다.
다시 시작할 수 있는 이유는
내가 완전해서가 아니라,
내가 아직도
누군가의 다정함을 기억하고 있기 때문이다.
그 기억 하나가
다시 일어나도록 손을 뻗게 하고,
한 발자국을 내딛게 하고,
새로운 마음을 품게 만든다.
이제 나는 안다.
상처입은 자리에서 피어나는 용기가
가장 진한 색을 띤다는 것을.
그러니
지금 이 순간,
당신이 다시 시작하고 싶다면
그건 이미 충분한 이유다.

**한 줄 묵상**

"다 끝난 줄 알았던 자리에서도

마음은 조용히 살아 있었다.
그래서 나는, 다시 시작할 수 있었다."

**에필로그**

그리고, 우리는 여전히 빛을 향해 걷는다.
이야기를 다 쓰고 난 지금,
나는 다시 창밖을 바라봅니다.
어느새 밤은 깊어졌고,
거리의 불빛은 하나둘 고요 속에 젖어 듭니다.
내가 걸어온 길은
빛으로 가득하지 않았습니다.
외로움, 상실, 후회,
그리고 끝없는 침묵들로 가득한 그늘이 있었습니다.
하지만 그 그늘 속에서
나는 한 송이 빛을 피워냈습니다.
그건 화려하지 않았지만,
지워지지 않는 따뜻함으로
나를 살게 했습니다.
당신에게도
그늘이 있다면 괜찮습니다.

그건 언젠가

아름다운 이야기가 되어

누군가를 살리는 빛으로 피어날 테니까요.

우리 모두

자기만의 어둠을 안고 있지만,

그 어둠이 끝은 아닙니다.

조금씩,

아주 조금씩

빛을 향해 걸어가는 이 여정을

나는 지금도 믿습니다.

**저자 후기**

나는 오랫동안 '말하지 않음'을
나약함이라 여겼습니다.
하지만 이 글들을 쓰며 알게 되었습니다.
말하지 않음은 가장 깊은 용기이며,
가장 조용한 사랑이라는 것.
세상이 빠르게 움직일수록,
말없는 것들이 더 진하게 남습니다.
눈빛, 침묵, 기다림, 그리고
아무 말없이 곁을 지켜 준 한 사람.
이 책은 말보다 마음으로 써 내려간 이야기입니다.
삶에 지친 누군가에게
조용히 건네는
"당신의 속도도 괜찮아요." 라는 문장 하나가 되기를 바랍니다.
그리고 부디,
당신의 말하지 못한 마음이
이 글 속 어딘가에서

조용히 위로받을 수 있기를 바랍니다.
*김남주 드림.*

지금의 안녕은
작별이 아니라,
새로운 시작을 위한
조용한 다짐이다.

**독자에게 전하는 편지**

"당신의 그늘에도 빛이 피어나길 바랍니다."
이 책을 펼쳐 읽어 주신 당신께
진심 어린 감사를 전합니다.
당신의 삶에도
말로 다 하지 못할 그늘이 있을 겁니다.
때론 누구도 모르게 울던 날이 있었고,
아 무에게도 기대지 못한 채 버텨온 밤도 있었겠지요.
하지만 그 모든 순간은
당신이 살아 있다는 증거였습니다.
그리고 그 시간을 지나온 당신은
이미 누구보다 단단한 사람입니다.
이 책의 문장들이
그 길고 긴 어둠 속에서
당신을 조금이라도 안아 줄 수 있었다면,
그것 만으로도 이 책은 빛이 됩니다.
부디 기억해 주세요.

당신은

충분히 소중하고,

충분히 괜찮으며,

충분히 사랑받아야 할 사람이라는 것을.

그리고 지금 이 순간에도

당신의 내면 어딘가에는

조용히 피어나고 있는

작은 빛이 있다는 것을.

당신의 그늘에도

언젠가 따뜻한 꽃이 피어나길

진심으로 바랍니다.

# 시간을 품은 침묵

ⓒ 김남주, 2025

초판 1쇄 발행 2025년 11월 23일

| | |
|---|---|
| 지은이 | 김남주 |
| 펴낸이 | 이기봉 |
| 편집 | 좋은땅 편집팀 |
| 펴낸곳 | 도서출판 좋은땅 |
| 주소 | 서울특별시 마포구 양화로12길 26 지월드빌딩 (서교동 395-7) |
| 전화 | 02)374-8616~7 |
| 팩스 | 02)374-8614 |
| 이메일 | gworldbook@naver.com |
| 홈페이지 | www.g-world.co.kr |

ISBN   979-11-388-4972-2 (03810)

- 가격은 뒤표지에 있습니다.
- 이 책은 저작권법에 의하여 보호를 받는 저작물이므로 무단 전재와 복제를 금합니다.
- 파본은 구입하신 서점에서 교환해 드립니다.